Übelsetzungen

Noch mehr Sprachpannen aus aller Welt

Langenscheidt

Berlin · München · Wien · Zürich
London · Madrid · New York · Warschau

Langenscheidt Bambi Goreng
Übelsetzungen – Noch mehr Sprachpannen aus aller Welt
mit Texten von Titus Arnu
herausgegeben von Monika Schaffrath und der Langenscheidt-Redaktion

Idee und Konzeption: Langenscheidt-Redaktion
Grundlayout: Katharina Steinmetz
Bildplatzierung: Birgit Kustermann

Für die Unterstützung bei der Bildrecherche danken wir

www.fotocommunity.de

Satz: Regg Media GmbH, München
Printed in Germany
ISBN 978-3-468-29843-1
www.langenscheidt.de

10010

Inhalt

Vorwort

Was macht ein „Wurstbube" am Kap der guten Hoffnung? Wie schmeckt die „Bluse des Matrosen"? Und kann ein Auto segeln? Die Welt ist voller Rätsel. Einige davon lassen sich nie lösen, für andere gibt es eine Erklärung.

„Wenn schon die Poesie überhaupt ein Rätsel ist, so ist die Lyrik das Rätsel der Rätsel", schrieb der Schweizer Literatur-Nobelpreisträger Carl Spitteler. Er ließ allerdings unberücksichtigt, dass es außer der Lyrik noch die Kunstform der lyrischen Sprachpanne gibt, die weltweit auf Schildern, in Speisekarten, Beipackzetteln und Gebrauchsanweisungen gepflegt wird. Auf einer Toilette in Korsika etwa fand sich folgender staatsphilosophischer Sinnspruch: „Lassen Sie bitte die Toiletten im Staat, oder Sie würden wünschen, Sie zu finden, indem Sie zurückkehren würden." Da kann man schon mal eine Weile drüber nachgrübeln.

Ohne Rätsel sein, ist allerdings auch keine Lösung, deshalb sollte man sich über solche wahnwitzigen Formulierungen einfach nur freuen und am „Vergnügen der Kokosnuss" teilhaben, wie es in der Speisekarte eines Cafés auf Mallorca heißt. Halten Sie sich bitte auf keinen Fall an das Schild, auf dem die traurige Anweisung steht: „Please turn off the fun." The fun must go on!

Seit der erste Band der Übelsetzungen erschienen ist, schicken Leser uns fast täglich neue Fotos von Sprachpannen aus aller Welt. Die besten Beispiele von „Artischotten" über „Erdbären" bis „Schuttelbus" präsentiert *Bambi Goreng*, der vierte Band der Reihe. Einfach eine „Stelle als Couch" suchen, ein „bereiftes" Eis bestellen und genießen.

Titus Arnu

I DAG ANBEF

Das Kaffe in der Underetasche ist geöffnet

Cafeteria is op downstairs. Food, drinks, souvenirs

Ålesund, Norwegen

ES GIBT altmodische Oma-Cafés, neumodische Coffeeshops und stylische italienische Kaffeebars. Die Norweger haben nun eine weitere Form des Cafés erfunden: das Underetasche-Kaffe. Werden dort nur Leute bedient, die eine untere Tasche in ihrer Hose haben? Sitzt man unter Taschen? Der englischen Übersetzung zufolge handelt es sich lediglich um eine Cafeteria in der unteren Etage.

Begrüßens-
wert

Deutsche geraten leicht ins Jammern. In den USA fällt das besonders auf. Auf die ständig gestellte Frage „How are you?" antworten deutsche Touristen gerne: Kopfschmerzen! Jetlag! Übelkeit! Der Amerikaner reagiert auf so etwas leicht verstört, denn „How are you" ist nur eine Begrüßungsfloskel. Trotz solcher Missverständnisse müssen sich Touristen nicht unwillkommen fühlen – das gilt auch für andere Länder, wie die folgende Sammlung zeigt.

Anatolien, Türkei

AUF EINER LANGEN Reise von Genf über die Türkei nach Jordanien und Ägypten kam der Fotograf dieses Bildes an einer wunderschönen Oase der deutschsprachigen Gastfreundschaft vorbei. Irgendwo in Anatolien bietet ein Wirt „eure Kuche und Griel", dazu noch ein „Schwiembad". Egal, ob es sich um Apfelkuche oder gegrielte Schnitzel handelt, so viel Herzlichkeit mitten in der Ödnis haut einen einfach um.

SCHWiEMBAD

HERZLICHE WILKOMEN

ZUM SCHWiEMBAD

EURE KUCHE UND GRIEL

Hanno Pölzl

GERMAN HOFBRÄUHAUS
Y CASA ANTONIO

HIER BEM DEUTSCHEN WIRT GIBT ES BESTE
JÄGERSCHNIZET–SAUERBRATEN MIT SPÄTZLE
SCHINKENPLATTE–SCHWEINSHAXE–KOTELETTS

GERMAN MANAGEMENT–FAMILY BUSINESS–OVER
20 YEARS ORIGINAL GERMAN HOMECOOKING
ITALIAN, SPANISH AND THAI SPECIALITIES

โฮปบรอยเฮาส์ อาหารเยอรมัน
ต้นตำหรับขาหมูเยอรมัน ใส้กรอก อาหารยุโรป

ZO'N BIEFSTUK VIND JE NERGENS
SUPER HEERLIJKE GEBAKKEN AARDPPELTJES
UITSTEKENDE VERSE TOMATENSOEP

PAN CON TOMATE TORTILLA ESPANOLA

1 *Chiang Mai, Thailand*

Salida por el souvenir, sin retorno.
Ausgang durch das souvenir, ohne zurück.
Exit by the souvenir, with no return.
Sortie pour le souvenir, sans retour.

2 *Teneriffa, Spanien*

10

3 *Sizilien, Italien*

1 DER DEUTSCHE WIRT in Chiang Mai ist ein cleverer Kerl. Er bietet in seinem thailändischen Hofbräuhaus Schweinshaxe und Spätzle an, allerdings nur den deutschen Touristen. Auf Englisch preist der Werbestratege neben „German Homecooking" auch spanische und italienische Spezialitäten an, und auf Niederländisch rühmt er seine „super herrlichen gebackenen Bratkartoffeln". Ein perfektes Beispiel von Küchen- und Klischee-Cross-over.

2 GEGEN ENDE eines Urlaubs führt meist kein Weg am Souvenir vorbei. Wenn der Weg aber durch das Souvenir hindurchführt, und das auch noch „ohne zurück", ist Vorsicht angebracht. In diesem Park auf Teneriffa sollen Touristen aber nur darauf hingewiesen werden, dass der Ausgang durch den Souvenirshop zu erreichen ist.

3 DAS MUSEO delle Meraviglie auf Sizilien ist ein erstaunliches Haus. Wo man den Eingang vermutet, erwartet einen die erste Überraschung: „Geben Sie!" Als deutscher Tourist sollte man sich darüber nicht wundern, sondern in Geberlaune staunend durch das Museum gehen.

ASIA-MAN

Asiatische Spezialitäten

Anfufen in ca. 15 Minuten abholen!

Täglich geöffnet

Euskirchen, Deutschland

DER ASIA-MAN ist ein lustiger Zeitgenosse. Er läuft mit einem Hut durch die Gegend, den Deutsche tragen, wenn sie an Fasching einen Chinesen darstellen wollen, hat immer Essstäbchen zur Hand und grinst selbst im Schlaf. Natürlich hat er auch ein R-Problem, obwohl er seit 15 Jahren ein Restaurant in Euskirchen betreibt. Statt „anrufen" sagt er „anfufen" – oder ist das lediglich ein Druckfehler?

Silke Exius

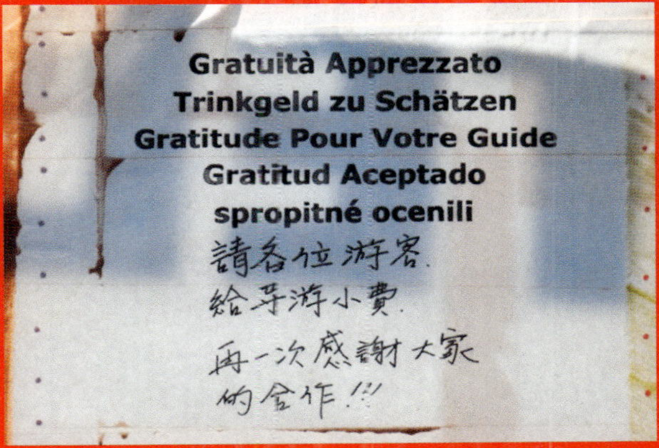

Gratuità Apprezzato
Trinkgeld zu Schätzen
Gratitude Pour Votre Guide
Gratitud Aceptado
spropitné ocenili
請各位游客
給导游小費
再一次感謝大家
的合作!!!

Page, Arizona, USA

WIE VIEL TRINKGELD soll man als Tourist geben? Das ist eine Wissenschaft für sich. Zehn Prozent der Gesamtsumme? Immer aufrunden bis zu einem Betrag mit einer Null am Ende? Da ist es sehr hilfreich, wenn eine Informationstafel die Geld-Gepflogenheiten erläutert. In diesem Fall ist das „Trinkgeld zu Schätzen". Bei der Übersetzung aus dem Englischen hat sich jemand leicht verschätzt – „appreciated" bedeutet „geschätzt" im Sinne von „begrüßt". In den USA gilt: 15 Prozent Begrüßungsgeld werden sehr geschätzt.

1 *Kapstadt, Südafrika*

Bit ce te svjedoci netaknute prirode otoka Brača sve do povratka u Omiš.
Dva sata i 40 km čistog užitka i brze vožnje.

Speed boat, Taxi Exsplosive excursion Omiš Mul

Das speed boat ist pure Adrenalin mit 350 ps fährt wie keine! Wieder große wellen oder wind Können in nickst. Diese art von excurcion werden sie nie vergessen. Wir bringen sie zu der bekannte und wunderschöne Insel Brač an den ort Pučišće mit tollen buchten und bekannt auch für seine marmor steinen mit den dass Weißehaus in Washingtong und das wiener Parlament unter dessen gebaut worden ist. Danach geht es zum baden zu den einzigen und sehr schöne sand strand an den ort Lovrečina mit auch traumhafte buchten. Dass alles in nur zwei studen wo anderen booten den halben oder ganzen tag brauchen dank unseren speed boat. Spaß haben stad lange weile probieren. Sie es aus.

Speed boat, Taxi Exsplosive excursion Omiš Mul

Arrivate in 15 minuti sull Isola di Brač.
La gitta con motto scappo / Speed Boat / e una gitta speeciale, vi offer momenti incredibili e un buon diverto.
Questa nave e famoza e siggura per passegieri. E lunga 10 metri, ed ha 350 PS.
La gitta include la visita a una belle piccola cita d, Isola Brač "Pučišća" e dopo si va a una bella spiaggia "Lovrečina" per farre i bagni.
Questo tutto fatte 40 km in due ore.

2 *Omiš, Kroatien*

Jana Sachse

3 *San Giulio, Italien*

1 ANDERE Länder sind uns weit voraus, was den N chtraucherschutz angeht. In England werden Raucher schon auf der Straße angefeindet, in den USA darf man nicht mal an eine Zigarette denken, ohne in Gefahr zu kommen, verhaftet zu werden, und in Südafrika ist man sogar noch weiter: Dort wurde der erste nicht rauchende Raum vo gestellt.

2 BOOT FAHREN? Laaaangweilig! Es sei denn, man steigt in ein „Speed boat" mit dem Spitznamen „Taxi Exsplosive". Das ist „pure Adrenalin". Wind und große Wellen können „im nickst". Mit diesem Höllenboot erlebt man eine ebenso exklusive wie „exs losive excursion". Dass ein paar Wörter explodiert sind, weil der Übersetzer zu sch ell war, macht die Sache nur spaßiger. Langeweile? Können ur s nickst.

3 PARKEN in Italien kann problematisch sein. Das scheinbare Chaos in den Städten ist in Wirklichkeit ein gen ales System, das von bürokratischen Hürden und deren Umgehung bestimmt ist. „Nür Erlaubte" stehen über diesem System. Wie man den Status eines erlauchten Erlaubten erreicht, ist ein Buch mit sieben S egeln, etwa vergleichbar mit der Verwendung von ü-Pünktchen aus der Sicht eines Menschen, der ohne Umlaute aufgewachsen ist.

SAG JA
ZU MICH

KANN MAN von Damen, die meistens in der Nachtschicht arbeiten, auf ihre Figur und ihre Frisur achten müssen, auch noch eine perfekte Beherrschung der deutschen Grammatik erwarten? Nein, das ist sicherlich zu viel verlangt fürs Geld. Aber vom Betreiber dieses schicken Etablissements in Wien würde man sich schon wünschen, dass er Ja sagt zur deutschen Sprache. Das wäre echt eine geile Sache für ich und sich.

Sala dei Duecento

Ingresso riservato
🇬🇧 No admittance
🇫🇷 Entrée réservée
🇩🇪 Belegter Zutritt
🇪🇸 Entrada reservada

1 *Florenz, Italien*

Магазин для выбара багажных сумак
Платить в маркете

Koffer Aussuchungs Laden
Verkaufen wird an dem Geschaft

Çanta Teşhir Salonu
Satış Markettedir.

2 *Kemer Beldibi, Türkei*

3 *Grau d'Agde, Frankreich*

1 BEI DER GESTALTUNG dieses fünfsprachigen Schildes im Palazzo Vecchio hatte der Übersetzer wohl mit einer belegten Zunge und Zugangsproblemen zu seinem Sprachzentrum zu kämpfen. Der Zugang in die Sala dei Duecento im Palazzo Vecchio ist in Wirklichkeit nicht belegt, sondern für Touristen gesperrt, denn in diesem Rathaussaal tagen oft politische Versammlungen.

2 KOFFERLADEN und „Koffer Aussuchungs Laden" sind zwei verschiedene Paar Schuhe. Während man in einem Kofferladen oft irgendeinen Koffer aufgeschwatzt bekommt, ohne eine Wahl zu haben, spezialisiert sich der Kofferaussuchungsladenbetreiber ganz auf das Aussuchen. Verkauft wird nicht im Laden, sondern „an dem Geschäft".

3 DIESES RESTAURANT befindet sich offensichtlich in der Polizeistation von Grau d'Agde. Obwohl das Verkehrsschild den Eindruck erweckt, alle Tische seien für die Polizei reserviert, wartet man wohl auch auf andere Gäste. Deshalb ist der Hinweis hilfreich, dass nicht Stoppschilder, sondern Speisekarten in dem Lokal bereitliegen. Polizeilich erlaubt ist auch die durchgehende Küche von 11 bis 23 Uhr.

Katja Nehring

E' assolutamente vietato legarsi alla recinzione.

It's absolutely forbidden to cling to the enclosure.

Il est interdit de se lier à la cloture absolument.

Es wird absolut verboten um zur einschileβung punktgleich zu sein.

Pierre König

2 *Sardinien, Italien*

1 VON TOURISTEN ist man unmögliche Dinge gewöhnt. Sie sind manchmal so breit, dass sie nicht mehr wissen, wo vorne und hinten ist. Aber wie soll ein Mensch jemals punktgleich mit der Umzäunung eines Weinguts werden? So breit kann nicht mal ein volltrunkener 150-Kilo-Mann sein. Trotzdem verbietet der Besitzer dieses Weinguts auf der italienischen Insel Le Vignole ausdrücklich, „zur einschileßung (gemeint ist der Zaun) punktgleich zu sein". Auf Italienisch ist es verboten, etwas am Zaun festzubinden – wahrscheinlich Fahrräder oder Tiere.

2 DER MACHISMO ist in Italien noch weitverbreitet. Versuche, besonders schlimme Machos zusammen mit bockigen Tieren in einem Reservat unterzubringen, sind bisher gescheitert, weil Touristen immer wieder das Gatter offen lassen. Vielleicht liegt es aber auch daran, dass die Warnschilder am Tor zur Weide so kryptisch formuliert sind.

Crest of London

10% OFF

 ON PRESENTATION OF VOUCHER IN STORE
(EXCLUDES PHONECARDS AND STAMPS)

 SUR LA PRÉSENTATION DE REÇU DANS LE MAGASIN
(EXCLUT DES TÉLÉCARTES ET DES TIMBRES)

 AUF DER PRÄSENTATION DES ZEUGEN IM LAGER
(SCHLIEßT TELEFONKARTEN UND MARKEN AUS)

 SULLA PRESENTAZIONE DEL BUONO IN DEPOSITO
(ESCLUDE PHONECARDS ED I BOLLI)

1 *London, Großbritannien*

Königin-Suite

Für die, die ein wenig Extraplatz benötigen, kennzeichnen wir **27 deluxe Räume** jeden mit **zwei queen-sized Betten**, einem Sitzenbereich und einer **einzelnen Faltblattsofalagerschwelle**. **Kaffeemaschinen, Kühlräume, hairdryers** und doppelte Eitelkeitsbadezimmer bilden dieses Räume, die Sie mit der ganzen Familie genießen können. Enthält höfliches heißes Frühstück.

König Suite

Diese deluxen Räume sind mit Ihrem Komfort im Verstand konzipiert. Der Raum kennzeichnet ein **king-sized Bett**, einen Sitzenbereich, der eine **doppelte Faltblattsofalagerschwelle**, einen Kaffeetisch und einen **Lesebereich** umgibt. Für Ihr sind Betrachtungsvergnügen 27 " Farbfernsehen enthalten. Enthält höfliches heißes Frühstück.

Präsidentensuite

Eine Zweiraum Suite mit einem **king-sized Bett**, einem **doppelten Faltblattsofa**, zwei Fernsehen, einer **Jacuzzi ® Wanne**, einer **völlig auf Lageren Kleinküche** und einem Wohnzimmer mit dinning Bereich. Verderben Sie sich und behandeln Sie sich wie ein „König" in unserer Präsidentensuite. Enthält höfliches heißes Frühstück.

2 *Moab, Utah, USA*

Knochein und Winkeistellungen (...)

Therapeutischer Nutzen schließt Entlastung von den rückseitigen Schmerz, von der Migräne und von den Menstruationsunannehmlichkeiten ein. Diese Massage holt aus den vorteilhaften Qualitäten des hölzernen Elements.

STRAHL STRÄFLING-WIEDERAUFNAHME   60 minutes $ 70

Zucken Sie weg von der Ermüdung vom Spielraumstrahl Sträfling mit dieser kräftigen Körpermassage, die hauptsächlich auf die Rückseite, den Ansatz, die Schulter und die Füße sich konzentriert. Bilden Sie unseren Badekurort Ihren ersten Anschlag, wenn Sie ankommen und wir versprechen, Sie zu lassen total erneuert und reguliert.

FUSS REFLEXOLOGY   45 minutes $ 60

Diese alte chinesische Praxis ist für seine vorteilhaften Antworten berühmt. Völlig konzentrierend auf Ihre Füße, kennzeichnet unser Reflexologist und regt die Punkte, die spezifischen Körperteilen entsprechen an und hilft, Druck zu entlasten.

BETONEN SIE ANTI- ZURÜCK MASSAGE   45 minutes $ 60

Wenn alle, die Sie benötigen, ist eine schnelle Dosis der Spannung Entlastung, diese ist das Hilfsmittel. Tiefe Daumendruckarbeit und reibungsfreie Massagebewegungen auf der Rückseite helfen, Muskelspannung zu entlasten und Entspannung anzuregen.

3 Olhuveli, Malediven

1 DIE SOUVENIRLADENKETTE „Crest of London" bietet herrliche Sachen an, etwa eine Unterhose mit aufgedrucktem U-Bahn-Plan oder den „offiziellen Parade-Bär". Wer darauf besteht, so ein Zeug verbilligt zu bekommen, muss allerdings einen Zeugen im Lager präsentieren. Aber was soll der bezeugen? Vielleicht dies: „Voucher" heißt sowohl „Beleg, Gutschein" als auch „Zeuge" – und das Lager ist ein falsch übersetztes Geschäft.

2 IN DIESEM sehr gepflegten Hotel in Utah haben es Touristen besonders schön. Es gibt „doppelte Eitelkeitsbadezimmer", „höfliches heißes Frühstück" und eine einzigartige „Faltblattsofalagerschwelle". Das Frühstück ist aber lediglich im Preis inbegriffen, was in den USA schon sehr höflich ist, und die doppelte Badezimmer-Eitelkeit (vanity) ist auf die doppelt vorhandenen Waschtische (ebenfalls: vanity) begrenzt.

3 WER SCHÖN SEIN will, muss leiden, aber dieses Extrem-Massagestudio ist besonders hart drauf. Bei der einstündigen Behandlung mit dem Titel „Strahl Sträfling-Wiederaufnahme" geht es zur Sache, auch die „Sitzstuhlmassage" hat wenig mit Streicheleinheiten zu tun. Die Spa-Torturen sind nichts für Wellness-Weicheier, aber wem es doch so gut gefällt, dass er für immer bleiben möchte, der sollte das recht kräftig durch die „Anti-Zurück Massage" betonen.

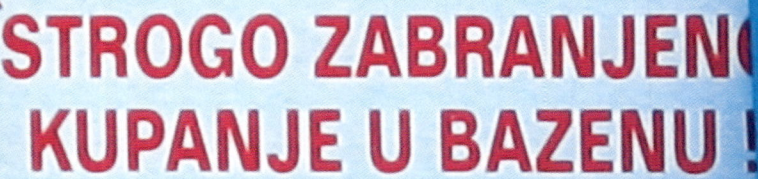

STROGO ZABRANJENO
KUPANJE U BAZENU !

YOU ARE NOT ALLOWED
TO SWIM IN A POOL !

SIE DARF NICHT IM
BAD SCHWIMMEN !

Pag, Kroatien

Christian Bayer

EIN POOL IST zum Schwimmen da, so viel steht fest. Allerdings darf „sie" in diesem Fall nicht ins Wasser. Aber wer ist „sie"? Die Frau als solche? Werden hier nur Männer zugelassen? „Sie" sind alle Touristen, falsch ist lediglich die Verbform. Rätselhaft bleibt trotzdem, warum die Touristen das Schwimmbad nicht benutzen dürfen.

Untersagt

Über spießige Vorschriften wie das Verbot „zu stampfen die Beet" kann man sich zu Recht empören. Dabei sind die meisten Verbote wirklich gut gemeint. Sie wollen nur helfen, Schaden an Menschen, Tieren und Beeten zu vermeiden. In Frankreich gibt es sogar ein Strandbad, in dem Sonnenbrand verboten ist – das ist konsequenter und weitaus wirksamer als jeder Sonnenblocker.

COMUNE·DI FORIO
PROVINCIA DI NAPOLI
UFFICIO DEMANIO

ATTENZIONE: PERICOLO CADUTA MASSI
E' VIETATO IL TRANSITO, LA SOSTA DI
PERSONE NONCHE' LA BALNEAZIONE

DANGER FALLEN MASSES
PROHIBITED THE TRANSIT, PROHIBITED
THE PAUSE OF PERSON AND THiNGS
PROHIBITED THE BATHING

GEFAHR GEFALLENE MASSEN
VERBOTEN DIE DURCHFAHRT, VERBIETET
SIE DIE PAUSE DER PERSONEN, ODER
SACHEN VERBOTEN DAS BADEN

ORD. N° 4/97 DEL CIRCOMARE DI ISCHIA

1 Forio, Italien

- Het gebruik van zonnebrand is verboden
- Het is verplicht om zwemkleding aan te hebben, short
- Geen schoenen bij het zwembad

offnungszeiten schw

Jede Tag geoffnet ab 11uhr

Sie respektieren die Vorschriften
- badhose / badeanzug ist verpflichtet, keine shorts
- Sonnebrand ist verboten
- keine Shuhe bei das Schwinbadd

2 Ornans, Frankreich

3 *Elephantine, Assuan, Ägypten*

1 EIN TYPISCHER FALL von voll verhagelter Übersetzung: „Caduta massi" bedeutet nicht „gefallene Massen", sondern „Steinschlag". Deshalb sollte sich niemand an dieser Steilküste aufhalten – geschweige denn, dort eine Pause machen.

2 MIT DER SONNE kann man nie vorsichtig genug sein. Menschen mit besonders empfindlicher Haut, die trotz hohem Lichtschutzfaktor einen Sonnenbrand bekommen, sollten ins französische Ornans fahren und das örtliche Schwimmbad besuchen. Dort ist Sonnenbrand generell verboten. Eine coole Lösung!

3 OHNE BAKSCHISCH läuft in arabischen Ländern oft gar nichts. In diesem Laden auf der Insel Elephantine ist es allerdings verboten, Trinkgeld zu geben. Vielleicht sollte man dem Wirt trotzdem einen Tipp geben: Ein kleines Bakschisch für den Übersetzer hätte nicht geschadet, dann hätte er das arabische „Mamnua al Baqshish" vielleicht korrekt in das englische „No tips" übertragen.

1 *Cannobio, Italien*

Franz Häusler

Vietato stende si sull'erba

Verboten zu stampfen die beet

Warning! Don't lie on the asshole

2 *Bardolino, Italien*

1 TICK, TRICK und Track haben immer ihr schlaues Buch dabei und wissen, was in Gefahrensituationen zu tun ist. Aber wie geht „aufeuern"? Hat das mehr mit Auslöschen oder Anheizen zu tun? Bevor man sich auf Entenkinder mit einem Gartenschlauch verlässt, sollte man lieber den italienischen Text befolgen und kein Feuer anzünden.

2 MANCHMAL IST es nötig, ein Beet zu stampfen etwa, wenn Samen in der Erde festgeklopft werden muss. Dann gibt es wieder Situationen, in denen es absolut unpassend ist, ein Beet zu stampfen, etwa, wenn dort Blumen blühen. Die trampelige Übersetzung allerdings macht den ursprünglichen Sinn dem Erdboden gleich, denn eigentlich ist es nur verboten, sich auf das Gras zu legen. Die englische Übersetzung ist eine unterirdisch miese Sabotage.

ZONA NO NUDISTA
NO NUDIST AREA
NO NACKTBADEN
(NO F.K.K.)

MASPALOMAS

Gran Canaria, Spanien

NACKTBADEN kann schön sein, aber bei manchen Menschen wäre es einem wirklich lieber, sie blieben angezogen. Manchmal hilft da nur die nackte Wahrheit, schwarz auf weiß auf einem nackten Schild. Damit es auch jeder kapiert, ist die deutsche Übersetzung etwas genauer: Nacktbaden heißt FKK. Sicher ist sicher.

IN DER KATHEDRALE Notre-Dame in Paris gibt es sicher viel zu entdecken. Gemeint ist allerdings das entdeckeln – „découvrir" heißt, reflexiv gebraucht, den Hut abnehmen.

PLEASE
DO NOT CROSS THE LINE
PRIERE DE NE PAS VOUS PASSER LA BARRIERE
KOMMEN BIE NIGHT ZU NAHE AN DIE TUR
FROM THE MANAGMEN

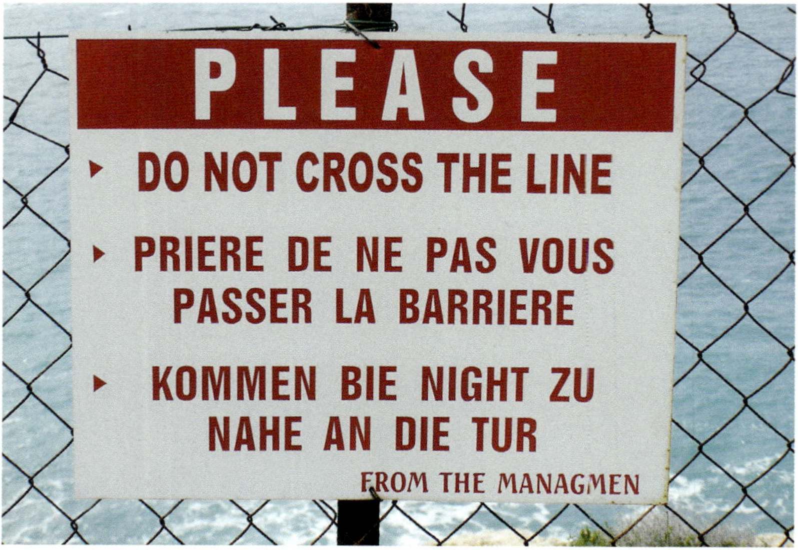

1 *Paphos, Zypern*

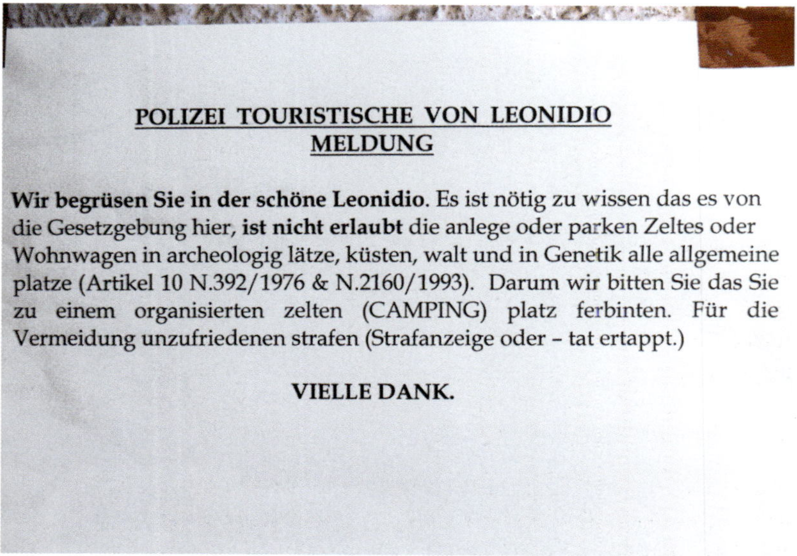

POLIZEI TOURISTISCHE VON LEONIDIO
MELDUNG
Wir begrüsen Sie in der schöne Leonidio. Es ist nötig zu wissen das es von die Gesetzgebung hier, ist nicht erlaubt die anlege oder parken Zeltes oder Wohnwagen in archeologig lätze, küsten, walt und in Genetik alle allgemeine platze (Artikel 10 N.392/1976 & N.2160/1993). Darum wir bitten Sie das Sie zu einem organisierten zelten (CAMPING) platz ferbinten. Für die Vermeidung unzufriedenen strafen (Strafanzeige oder - tat ertappt.)
VIELLE DANK.

2 *Peloponnes, Griechenland*

3 *Sousse, Tunesien*

1 KOMMEN SIE bei Nacht zu nah an die Tür? Das wäre wohl die falsche Interpretation, denn nicht nur im Dunkeln bliebe man der Klippe besser fern – ein gefährlicher Grenzfall, wenn nicht eine fatale Fehlübersetzung.

2 IN ARKADIEN, einer Berggegend in Griechenland, lebten die Menschen vor langer, langer Zeit angeblich glücklich als Viehhirten, unbelastet von gesellschaftlichen Zwängen. Das ist längst vorbei. Heutzutage findet man auf diesem Landstrich der Peloponnes ein Spießer-Schild wie dieses, das es jedem verbietet, Zelte oder Wohnwagen in „archaeologig lätze, küsten, walt, und in genetik alle allgemeine platze" aufzustellen. Arkadien? War schon immer ein Mythos.

3 MANCHE WÖRTER haben problematsche Plurale (Plurals? Pluräler?). Uhu – Uhue? Uhuen? Uhuer? Muselman ist genauso schwierig. Ein Muselman, zwei Muselmäner? Musulmaner? Muselmans? Es handelt sich jedenfalls um mehrere – Moslems.

Calpe, Spanien

DER PEÑÓN DE IFACH ist nur 332 Meter hoch, aber nicht gerade einfach zu besteigen. Es ist also durchaus weise, dem ausgeschilderten Weg zu folgen, wenn man den Felsklotz an der Costa Blanca erklimmen möchte. Die Übersetzung ist allerdings noch holperiger als der steinige Weg, denn „camino" bedeutet hier „Pfad".

DE FRIGILIANA

DEPOSITAR BASURAS DENTRO DE LOS CONTENEDORES
de 20,00 - 00,00 horas
MOBILIARIOS DIAS 14 Y 30 DE CADA MES
PROHIBIDO TIRAR RASTROJOS, DESECHOS
DE JARDINES Y ESCOMBROS
BAJO SANCIÓN DE 300,50 €

DEPOSIT THE RUBBISH INSIDE THE RUBBISH SKIP
from 20,00 - 00,00 hours
FURNITURES 14 AND 30 EACH MONTH
IT'S FORBID THROW AWAY STUBBLE AND WASTE
FROM GARDEN AND DEBRIS
UNDER FINE OF 300,50 €

SETZEN SIE DEN ABFALL INNERHALB DES ABFALL-HOPSERS
von 20,00 - 00,00 Stunden
NIEDER MÖBEL 14 UND 30 JEDEN MONAT
ES IST VERBIETEN WERFEN STOPPEL UND VERGEUDUNG VON
GARTEN UND TRÜMMERN WEG
UNTER FEIN 300,50 €

Frigiliana, Spanien

EIN ABFALL-HOPSER ist eine praktische Sache. Man setzt Müll in das Ding – hops! – und weg. Das funktioniert sogar mit Möbeln: setzen – hops! – und weg. Vorsicht nur mit Stoppeln, das geht nicht so fein. Offensichtlich sind auch ein paar Bedeutungen durcheinandergehopst. „Contenedor", der Müllcontainer, wurde auf Englisch mit „skip" übersetzt – was auch „Hüpfer" bedeutet.

15) VERHEXTE LIEBE 2 PERSON. *10,90*

*DIE WILDE LIEBE MIT
VERSPRECHENDEN VISIONEN
EINES EINZIGHAFEN GLÜCKS.*

16) TONGA TONGA *5,40*

*DIE RITUALE IN HAWAI MACHEN
DIE ARBEIT ZU EINEM
EINZIGHAFTEN GENUSS.*

17) KALTE FICHTE *5,40*

*DIE SÜDLICHEN MEERE STOSSEN
MIT IHRER ÜBERWERFENDEN
FRÖHLICHKEIT MIT UNS IN
DIESEM GETRÄNK AN. ES IST
GEMIXT AUS ZITRONE -
ANANASSAFT, RUM UND...*

18) ORGAN COCKTAIL *5,70*

*EIN GEMÄLDE AN ALLE DURCH
DEN WIND BETRAFTEN KÖPER,
WELCHE MIT HARTER HAND
UND SICHEREM FUSS AUF DEN
WELLEN BALANZIERTEN.*

19) ORGIE 2 PERSON *9,90*

*IDEAL UM DAS GEMÜT ZU
ERHEBEN. FÜR ALLE GEEIGNET
DIE UNTER LIEBESKUMMER
LEIDEN.*

Mallorca, Spanien
.... *6,30*

*EIN ALTBEKANNTER GESCHMAK
FÜR ALLE GEEIGNET DIE EINEN
FEINEN GAUMEN HABEN.*

21) TRO...

*EINE TR...
FRÜCH...
GEMISC...*

22) INDIANERHERZ ....

*DER WAHSINN EINER
MISCHUNG AUS RUM-SORTEN
UND NATÜRSÄFTEN,
ZUBEREITET IM RHYTHMUS
EINES VON GEWITTER
GESCHÜTTELTEN BOOTES (nur für
solche, die harte Sachen vertragenn)*

OHNE ALKOHOL

23) TROPISCHER SCLUCK ......

*EINE EINZIGHAFTE MISCHUNG
AUS FRISCHENF RUCHTSÄFTN.*

24) BLAU STRAND ....

*EIN ERFRISCHENDER DRINK AUS
DEM PAZIFIK MIT
ERDBEERNEKTAR, ZITRONE,
KIRCHEN UND NOCH VIELEN
ANDEREN ZUTATEN...*

25) MIMOSE 4

*EIN GESCHMACKVOLLES
GRETÄNK FUER MUNTEREN
HERZEN.*

26) TUTI FRUTI 4

*EINZIHAFTE TROPIKALE SÄFTE,
ANANAS, PAMPELMOUSE,
ORANGE UND...*

27) FRUCH BORA BORA 2 PERSON 9,

*EIN DRINK WELCHES SIE AUCH
OHNE ALKOHOL WUNDERBAR*

DER INHABER einer kulturell ambitionierten Bar auf Mallorca ist Nebenberufslyriker. Er mixt Säfte, Eis und Alkohol zusammen und garniert das Ganze mit avantgardistischer Poesie, dazu kommt noch ein Schuss Wahnsinn mit Zitrone. Meisterhaft ausbalanciert ist der „Organ Cocktail", „ein Gemälde an alle durch den Wind betraften Köper". Zum Wohlsein.

Leckermäulig

Im Ausland essen gehen? Da muss man nicht unbedingt den Cocktail „Vergnügen der Kokosnuss" bestellen, um Spaß zu haben. Ein Blick in die Speisekarten macht Lust auf mehr: Wie wäre es mit einem leckermäuligen „Lachspflasterstein" mit „Anteil von Päpsten"? Hauptgericht: „Nebliges" Schnitzel, als Beilage vielleicht einen „Handflächenherzsalat". Als Getränk dazu empfehlen wir „Flohkrauterwähnungen", als Dessert: „Milchschütteln des Eis". Wohl bekomm's!

Produzione gelato artigianale

Frosted production handicraft

Travail manuel givré de production

bereiftes Produktion Handwerk

Rom, Italien

BEREIFTES EIS? Hoffentlich handelt es sich wenigstens um Winterreifen, damit es keinen weiteren Ausrutscher gibt. Der Übersetzer ist bei seinem Handwerk ins Schleudern gekommen, als er „gelato" eiskalt in alle möglichen Sprachen übersetzt hat − „gelato" heißt als Adjektiv „gefroren", das französische Wort „givré" bedeutet „mit Reif bedeckt", auf Deutsch: bereift.

Marmaris, Türkei

IN DER SCHEHR schpätziellen Küche eines deutschschprechenden Familienbetriebsch in der Türkei scherviert der Scheff schöne Schpätzle, schaftige Schweineschtäks und schum schüschen Abschlusch ein Schtück Schahnetorte. Möglicherweise gibt es in dem Restaurant ein S-Problem, aber garantiert kein Essproblem.

Durchgebranntes Rippenstück
D Rippenstück wischt nach der Wahl aus
Durchgebranntes Netz
D Netz wischt nach der Wahl aus
Netz strogonaff
Lamm-rippen durchgebranntes

1 *Agadir, Marokko*

73.	GEBRATENE NUDELN MIT RINDFLEISCH UND GEMÜSE	4,90 €
74.	GEBRATENE NUDELN MIT GARNELEN UND GEMÜSE	7,90 €
75.	BAMBI GORENG Gebratene Nudeln mit verschiedenem Fleisch, Krabben, Curry und Gemüse	5,30 €
76.	GEBRATENER REIS MIT HÄHNCHENFLEISCH UND GEMÜSE	4,90 €

2 *Neustadt am Rennsteig, Deutschland*

1 WIE WOHL „durchgebranntes Netz" schmeckt? Wahrscheinlich etwas trocken und löchrig. Will der Wirt den Gästen eins auswischen? Nein, ihm sind nur die Sprachsicherungen durchgebrannt. „Filet" kann man auch als „Netz" übersetzen, und der Gast kann sich aussuchen, ob er das Fleisch durchgebrannt oder lieber durchgebraten haben will.

2 FANS DER asiatischen Küche unterscheiden scharf zwischen Nasi Goreng und Bambi Goreng. Während Nasi Goreng aus gebratenem Reis, Gemüse, Otternasen, Schildkrötennasen und allerhand anderen Sinnesorganen von Säugetieren zubereitet wird, ist im Bambi Goreng das Fleisch von frisch erlegten Rehkitzen enthalten. Tierschützer fordern vehement, alle Goreng-Gerichte nach traditionellen indonesischen Rezepten nur noch mit Nasi (Reis) oder Bami (Eiernudeln) herzustellen.

3 *Playa del Carmen, Mexiko*

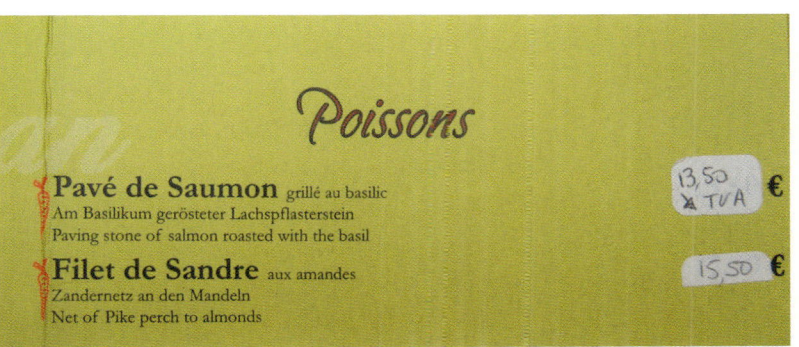

4 *Straßburg, Frankreich*

3 ACHTUNG AUF Glas drei, ein Schnaps fährt durch! Gesellige, trink-freudige Reisende freuen sich, dass endlich ein Bahnhof nach etwas Hochprozentigem benannt wurde. Wie es scheint, ist der Tequila-Bahnhof aber nur die Endstation eines mexikanischen Büffets

4 AUF FRANZÖSISCH klingen die Speisen dieser Brasserie in Straß-burg ziemlich fein, auf Deutsch eher nicht. Der „Lachspflasterstein" liegt besonders schwer im Magen. Hart ist hoffentlich nur die Übersetzung: „Pavé" ist tatsächlich ein Pflasterstein, wenn es sich aber um Lachs handelt, wäre der Ausdruck „Stück" zarter.

Spezialität: Frischer (Neuer) Fisch

APERITIFS:

1) Chopitos..5,50
2) Zehnarmige Tintenfische.......................6,00
3) Garnelen zum Teller...............................6,00
4) Garnelen zum Gehackten Knoblauch.........6,00
5) Garnelen zum Teller...............................9,80
6) Pilze zum Gehackten Knoblauch..............5,80
7) Pilze zum Teller....................................6,00
8) Laiche Dorsches zur Bluse des Matrosen..7,00
9) Kraken zum Riechfläschchen...................4,00
10) Muscheln zum Teller............................6,50
11) Muscheln zur Bluse des Matrosen.........7,00
12) Muscheln zum Dampf...........................6,50
13) Käse zum Teller...................................2,50
14) Tisch(Tabelle) von Käsen......................S.C.
15) Tisch(Tabelle) von Würsten...................S.C.

ANTEILE (TEILE):

16) Anteil von Päpsten Benetze mit ich Runzliger
(Teil)...2,50
17) Gebratener Anteil von Päpsten (Teil).....2,00

Teneriffa, Spanien

IST DAS NOCH genießbar: „Laiche Dorsches zur Bluse des Matrosen", dazu einen „Anteil von Päpsten Benetze mit ich Runzliger"? Es gibt für alles eine Erklärung. „Pescado a la marinera" ist ein Fischgericht mit Weißwein, Tomaten und Muscheln, „marinera" ist aber auch eine Matrosenbluse. Und „papas arrugadas" kann man als „runzelige Päpste" übersetzen, aber auch als „Kartoffeln in Salzkruste".

GAVRILOVIĆ LEBERSTETE:
ÜBER JAHRHUNDERTE
ENTWICKELT –
IN EINEM AUGENBLICK
GENIESST

Dubrovnik, Kroatien

DA HABEN SICH die Gavrilovićs jahrhundertelang solche Mühe gegeben, und dann wird ihr wunderbares Wursterzeugnis in einem Augenblick weggeniest! Hätten die Metzger sich einen Augenblick mehr Zeit für das Werbeplakat genommen, wäre ihnen vielleicht auch aufgefallen, dass dort „Leberstete" steht statt Leberpastete.

DEUTSCH

GROSSES BUFFET

ES ISST, WAS NUR DOSE JETZT 70 PESOS DURCH PERSON KOSTET. EINSCHLIESSLICH GETR?NKE.

(DER PREIS SCHLIESST BEREITS 15% VON IVA) MIT EIN

1 *Campeche, Mexiko*

FREEZER

FABRIQUEZ VOS GLAÇONS

MACHEN SIE SELBEST IRHE EISWÜRSEL

MAKE ICE CUBE YOURSELF

PUEDE FABRICAR SUS CUBITOS DE HIELO

2 *Contis Plage, Frankreich*

CONE.......2€

LITTLE TUB .... 2€

BIG TUB .... 3€

SLUSH PUPPIES
Small.............. 2€
Medium.......... 3€
Large.............. 4€

Made with
mineral water

KEGEL ....2€

KLEINE WANNE....... 2€

GROSSE WANNE..... 3

WASSE GEFRIERT
klen .... 2€
MittelmäBig.. 3€
groß .... 4€

Gebildet mit
mineralwasser

3 *Mallorca, Spanien*

1 SO EIN BUFFET nach dem Motto Alles-Was-Los-Wollos-Fressos ist ein verlockendes Angebot, aber wie soll man jetzt bitte eine Dose für 70 Pesos durch die entsprechende Person bekommen, ohne den Magen empfindlich zu verletzen? Dann bitte doch lieber à la carte, ohne Dose.

2 FÜR BESONDERS heiße Tage am Strand gibt es jetzt eine neue Spezialität, die gerade deutsche Touristen ansprechen dürfte: „Eiswürsel", eine Kreuzung aus Eis, Würstchen und Würfeln. Wer hat's erfunden? Die Franzosen.

3 ENDLICH MAL ein paar neue Ideen auf dem Eismarkt. Statt der langweiligen Waffeln und der üblichen Eisbecher verkauft eine innovative Eisdiele auf Mallorca das Eis in Wannen und in Kegelform. Allerdings ist die Qualität der mittleren Wassereisportion nur mittelmäßig.

Pane
warr

Erika

caldo
bröt

DIE BROTSITUATION in Italien wird immer besser. Gab es früher nur hartes, kaltes Weißbrot, halten fortschrittliche Bäcker mittlerweile Spezialitäten wie „warm bröt" bereit, eine innovative internationale Kreuzung aus Baguette und Smörrebröd.

Pomme de terre / tapenade, salade.

● PLANCHE D'ALICE 15€

Foie Gras Maison au Pineau, Jambon Serrano, crevettes roses, croustillant de seiche, Tuile de parmesan, salade.

Deutsch Menü im Rücken

carte bancaire, chèques vacances

1 *Île d'Oléron, Frankreich*

.- Fideua

Fideua (Pasta paella)

Suppenrudel

Paella clasica e paella de pasta(

Fideua

2 *Menorca, Spanien*

48

TEUFEL SOßE

ZUTATEN:
Scharf Paprika (58%), Weich Paprika, Sonnenblumenöl, Koriander, Knoblauch, salz.
Säuerungsmittel: E330
Antioxydationsmittel: E202

Am besten vor datum auf die fertigkleidung
Conservare in luogo fresco. Se aperto coprire d'olio
Prodotto e confezionato per:

3 *Santa Margherita, Italien*

1 AUF DER Île d'Oléron vor der Atlantikküste hat der Tourist Frankreich und den ganzen Kontinent im Rücken, wenn er nach Westen schaut. Leider hat er auch ein Menü im Rücken, was schmerzhaft enden könnte, denn auf der Speisekarte stehen scharfkantige Crevetten und knusprige Tintenfische. Um es nicht im Rücken zu kriegen, sollte man auf die Rückseite der Tafel schauen – dort befindet sich die deutschsprachige Karte.

2 DEUTSCHE Touristengruppen und Paellagerichte passen gut zusammen. Beide treten gerne in Rudeln auf. Zu größeren Paella-Partys ab 30 Personen wird gerne ein „Suppenrudel" serviert.

3 DIESE SOSSE IST ein Teufelszeug. Sie besteht zu 58 Prozent aus scharfer Paprika und ist so extrem pikant, dass man sie am besten nicht isst, sondern nur äußerlich anwendet – man schmiert sie „vor datum auf die Fertigkleidung". Das ist scharf genug.

SELECCION DE TES ~ SELECTION OF TEAS ~ AUSWAHL AN T[...]

Te Rojo / Red tea / Roter Tee	1,50
Te Verde / Green tea / Grüner Tee	1,40
Te Negro / Black tea / Schwärzen Sie Tee	1,50
Te Blanco / White tea / Weißer Tee	1,60
Té de Vainilla / Tea of Vanilla / Tee der Vanille	1,70
Manzanilla / Camomile / Kamille	1,00

Infusiones de Frutas / Infusions of Fruits / Infusionen der Früchte	1,80
Tes Aromatizados / Perfumed teas / Parfümierte Tees	1,70
Earl Grey	1,60
Rooibos	1,60
Tila	1,00
Rooibos Aromatizados / Perfumed Rooibos / Parfümierte Rooibos	1,60
Poleo Menta / Pennyroyal mint / Flohkräuterwähnungen	1,00

COMBINADOS DE CHOCOLATE

COCKTAILS DER SCHOKO[...]

COCKTAILS OF CHOCOLA[...]

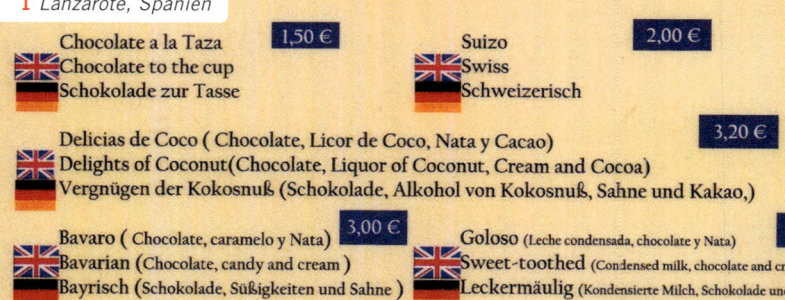

1 *Lanzarote, Spanien*

Chocolate a la Taza / Chocolate to the cup / Schokolade zur Tasse	1,50 €
Suizo / Swiss / Schweizerisch	2,00 €

Delicias de Coco (Chocolate, Licor de Coco, Nata y Cacao)
Delights of Coconut(Chocolate, Liquor of Coconut, Cream and Cocoa)
Vergnügen der Kokosnuß (Schokolade, Alkohol von Kokosnuß, Sahne und Kakao,)   3,20 €

Bavaro (Chocolate, caramelo y Nata)   3,00 €
Bavarian (Chocolate, candy and cream)
Bayrisch (Schokolade, Süßigkeiten und Sahne)

Goloso (Leche condensada, chocolate y Nata)   3,00 €
Sweet-toothed (Condensed milk, chocolate and cream)
Leckermäulig (Kondensierte Milch, Schokolade und Sahne)

Delicias de Naranja (Licor de Naranja, Chocolate y Nata)   3,20 €
Delights of Orange (Liquor of Orange, Chocolate and Cream)
Vergnügen der Orange (Alkohol von Orange, Schokolade und Sahne)

Dolce Vita (Chocolate, Helado de Vainilla y Nata)   3,50 €
Sweet life (Chocolate, Ice cream of Vanilla and Cream)
Liebes Leben (Schokolade, Eis von Vanille und Sahne)

Mini Suizo / Swiss mini / Schweizerischer Mini   1,50 €

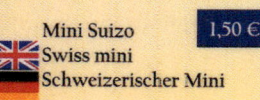

2 *Varadero, Kuba*

1 „DAS VERGNÜGEN der Kokosnuss" ıst nicht der einzige Spaß in diesem Café. Erwähnen muss man auf jeden Fal die „Flohkrauter-wähnungen", das „Milch-Schütteln" und das leckermäulige Getränk der Infusionen. Für den Cocktail „Versuchung" wird Tante Maria zusammen mit Bananen und Kakao eingeäschert, aber vielleicht ist das doch ein bisschen geschmacklos. Hierzu der beruhigende Hinweis: „crema" hat nichts mit Krematorium zu tun, das ist Sahne – und Tia Maria ist ein Kaffeelikör.

2 WIDERSPENSTIGES Vieh kann über den Tod hinaus Probleme be-reiten. Aufsässiges Rindfleisch wird manchmal selbst in geschnetzelter Form in der Pfanne frech. Bevor etwas Unglaubliches passiert, sollte man das Fleisch vorsichtshalber abschrecken.

-pomidore, sir, sezonsko povrće
-tomato, cheese, vegetables
-tomaten, kase, gemuse
-pomodore, formaggio, legume

-pomidore, sir, šunka, pikantna salama, ljuti feferoni
-tomato, cheese, ham, hot salami, hot chilli peppers
-tomaten, kase, schinken, echt geil salami, argerlich pfeffer
-pomodoro, formaggio, fandonie, piccante salame, adiratamen

1 *Sibenik, Kroatien*

adění chuti - Für Appetitbereinigung – St. for tun

Velká sýrová mísa s čerstvou zeleninou
   Variacionen von Käsen mit frischen Gemüse dekoriert
      Big cheese plate with fresh vegetables
Obložená mísa „ MIX „ (čabajka, uzenina, sýr, zelenina)
   Kalte Schale „GURMÁN" (Klobasse, Knackwurst, Käse, Gemüse)
      Cold mixed plate – various sausages. cheese. vegetables)

2 *Prachover Felsen, Tschechien*

1 DIE PIZZA Piccante hat es echt in sich. Alle anderen Varianten sind lediglich mit normaler Salami, normalem Käse und normalen Tomaten belegt, die Piccante sticht mit echt geiler Salami und ärgerlichem Pfeffer hervor.

2 SIE HABEN ganz, ganz großen Hunger? Dann gehen Sie doch mal in diesem Restaurant in Tschechien essen. Dort gibt es Gerichte, mit denen der Appetit endgültig bereinigt wird – mithilfe der drei großen Bereinigungs-Ks: Knackwurst, Käse, Klobasse.

Grilled "Mititei" with mustard
Gehackte Fleischklößchen am Roast mit
Senfglas
Sorte de saucisson grillé avec moutarde

3 *Reußmarkt, Rumänien*

DAS GEROSTETE APPETITLICH
ELEMENTS: Das kocke Salz.
Produkte mit Zeitgenössischen und gesunden für viele Zeit frische.
Wir gebrauchen keine konserungsmittelie und färbende stoffe.
Die produkte müssen in trocken und kuhlen platz stellung halten.

4 *Insel Kos, Griechenland*

3 GEHACKTE Fleischklößchen auf einem Grill zubereiten? Das ist ein Kunststück. Weil die Frikadellen gehackt sind, fallen sie leicht durch den Rost. Der Trick bei diesem Rezept: Das Fleisch wird direkt im Senfglas gegrillt. Pfiffig, aber auch ziemlich scharf.

4 AUF DIE VERPACKUNG kommt es an. Auch der letzte Müll kann teuer verkauft werden, wenn er nur appetitlich präsentiert und mit einem klangvollen Namen versehen wird. In diesem Fall ist es leider umgekehrt. Das verbeulte Päckchen enthält „Gerostete Appetitlich", Zutaten: „kocke Salz". Mehr Understatement geht nicht – immerhin handelt es sich hierbei um gesalzene Nüsse.

Poitrine de rotation du poulet.

57. **Escalope de ternera empanado…**
Misty veal cutlet.
Nebliger kalbfeischschnitzel.
Escalope du veau brumeuse.

58. **Escalope de cerdo empanado…..**
Cutlel of misty pig.
Schnitzel nebligen schweines.
Côtelette de cochon brumeux.

59. **Parrillada de carne…………**
Meat barbecue.
Fleischbarbecue.
Barbecue de la viande.

60. **Pierna de cabrito al horno (por e**
Kid leg to the oven (for responsib
Scherzen Sie zum Backofen (für
Faites marcher la jambe au four (

Balsamessig aus Modena

ist ein unvergleichliches Würzmittel für rohes oder gekochtes Grün, es erhebt das Geschmack der Beefsteak zu den Eisen oder der Italienischen Scaloppine; kann in ziemlich ungewöhnliche Weise auch zusammen gesprungen werden: dank seines spezielles Aroma, Erdbeeren und Parmesan drehen sich heraus als lecker.

Sein entschlossenes und bestimmtes Geschmack, sein Süßigkeit, dass ist zusammen manchmal zu einer verkratzenden Säure gesprungen wird, überträgt es ein unersetzliches Produkt für die italienische kulinarische Tradition. Wie für den besseren Wein Balsamic Essig von Modena wird von einer Vorwähler von Trauben von Trebbiano und Lambrusco erhalten. Das Muss ist gekocht, folglich abgekühlt im Holzen Wanne und ist für lange Zeit zu Altern gebracht.

2 *Milano Marittima, Italien*

1 LEICHT VERNEBELT erscheint die Speisekarte dieses Lokals an der Costa Blanca. „Empanado" bedeutet eigentlich „paniert", aber auch „schlecht belüftet" oder „trübe". Ein schlechter Scherz scheint Gericht Nr. 60 zu sein: Kinderbein aus dem Ofen? Nein, es handelt sich nur um ein Zicklein.

2 DIESER BALSAMESSIG ist ein Zaubertrank. Ein paar Tropfen davon auf Erdbeeren und Parmesan, und sie „drehen sich heraus als lecker". Und das trotz der „verkratzenden Säure" und der entschlossenen Süßigkeit. Beachten Sie bitte den Hinweis auf dem Beipackzettel auf mögliche Nebenwirkungen, die sich nach einem kulinarischen Veitstanz anhören: Das Würzmittel „kann in ziemlich ungewöhnliche Weise auch zusammen gesprungen werden."

ERSTER GANG

Suppe der Linse	€ 8,00
Suppe der Bohne	€ 8,00
Suppe der Kichererbse	€ 8,00
Suppe der Saubohne	€ 8,00
Suppe der Erbse	€ 8,00
Spaghetti mit dem "Schwarz" (das ist die tinte der Sepia)	€ 9,00
Spaghetti mit den Venusmusch	€ 9,00
Spaghetti mit den Miesmuschlen	€ 9,00
Spaghetti mit den Sardellen und Brotkrumen	€ 9,00
Spaghetti mit den Fischen schon geboren	€ 9,00
Norma spaghetti (Auberginen)	€ 8,00

1 *Sizilien, Italien*

HAMBURGERIN
GLATT
VORNEHMLICH MIT POMMMES FRITES

MENÜ HEUTIG
ZUNÄCHST: SUPPE KANARISCH
ZWERTER: ¿ ?

2 *Teneriffa, Spanien*

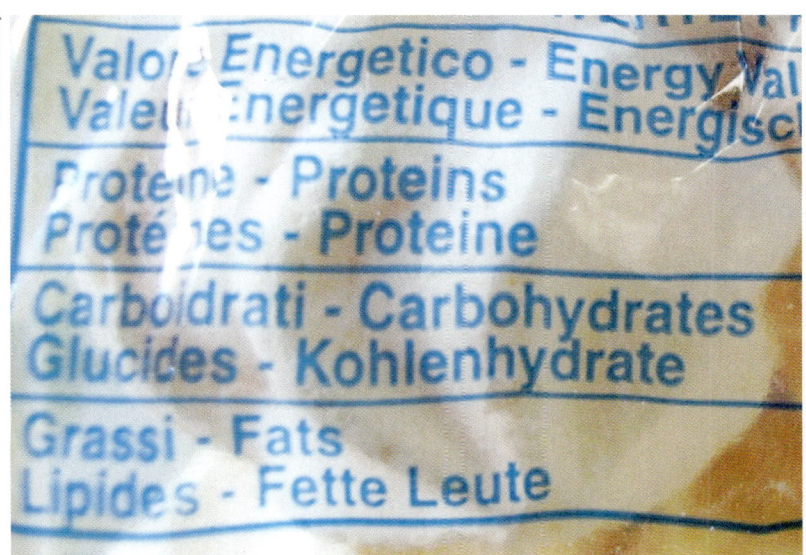

Valore Energetico - Energy Val
Valeur Energetique - Energisc

Proteine - Proteins
Protéines - Proteine

Carboidrati - Carbohydrates
Glucides - Kohlenhydrate

Grassi - Fats
Lipides - Fette Leute

3 *Mailand, Italien*

1 FRISCHER GEHT es kaum: In diesem Restaurant auf Sizilien kommen Muscheln, Garnelen und Fisch fast noch lebend auf den Tisch. Bei einigen besonders delikaten Gerichten geht der Koch noch einen Schritt weiter: Der Fisch wird direkt nach seiner Geburt serviert.

2 BEI DIESER Speisekarte ist aus feministischer Sicht alles glattgegangen. Warum eigentlich heißt es immer „der Hamburger"? Eine Cafeteria auf Teneriffa, die möglicherweise von Alice Schwarzer beraten wurde, hat auch Hamburgerinnen auf der Speisekarte stehen. Das Frikadellen-Brötchen ist in der spanischen Gastronomie tatsächlich weiblich – und heißt genauso wie eine Frau aus Hamburg.

3 DIE TRANSPARENZ in der Lebensmittelbranche wird dank vieler EU-Richtlinien immer besser. Auf dieser Chipstüte sind viele „energische Werte" nachzulesen, aber die wichtigste Information: Es sind nur 0,10 g „fette Leute" enthalten. Krass: „Grassi" heißt auf Deutsch „Fette", es gehören schon einige energische Werte dazu, dies mit „fette Leute" zu übersetzen.

Haimo Pölzl

Chaudi, Goa, Indien

EINE NEUE Kombination aus Krieg und Spektakel – „Showar"? Nein, nur eine abenteuerlich improvisierte Duschmöglichkeit irgendwo in der Prärie.

Wischiwaschi

Toiletten sind Tabu-Bereiche. Gut, dass es überall diskrete Betriebsanleitungen gibt, die Fremden das sachgerechte Benutzen der stillen Örtchen erleichtern. Aus sprachhygienischen Gründen werden Klo-Informationen allerdings gerne im Wischiwaschi-Stil formuliert, was leicht dazu führen kann, dass dann doch irgendetwas falsch läuft.

Owakudani, Japan

Restroom
Destoilettes

Deutschland

厕所

MIT DEUTSCHLAND geht es bergab. Im Hakone-Nationalpark in Japan ist das einstige Land der Dichter und Denker mittlerweile gleichbedeutend mit dem Begriff Bedürfnisanstalt.

1 *Cabarete, Dominikanische Republik*

Gesittete personen halten
wc und washbecken stets
peinlich sauber.

Bitte abfalle in in den
abfalleimer   werfen.

1 DIE UMSCHREIBUNG des Wortes „Damenbinde" kann auch
übertrieben werden. An Printen erinnern Binden nun wirklich nicht.

2 VORURTEILE über sanitäre Missstände in südlichen Ländern müssen endgültig zu den Akten gelegt werden, wie dieses Foto einer extrem
ordentlichen Bedürfnisanstalt mit peinlich genauen Anstandsregeln aus
Italien beweist – Eintritt nur für gesittete Personen.

NON GETTARE CARTA NEL WC USARE GLI APPOSITI CONTENITORI

NOT TO THROW PAPER IN THE WC TO USE APPROPRIATED CONTAINERS

PAPIER Im WC NICHT Zum GEBRAUCH ZU WERFEN FÜGTE Ich BEHÄLTER ZU IHNEN Hinzu

GRAZIE

1 *Sardinien, Italien*

2 *Bangkok, Thailand*

**FREUNDLICHE HERREN,
BITTE WENN WOLLEN SIE ZUM
DUSCHE GEHEN,
MUSSEN SIE BESSER EIN
DRUCKKNOPF HART DRUCKEN.**

3 *Dolní Branná, Tschechien*

1 EINE RIESENSAUEREI: Manche Touristen werfen anscheinend mit Papier aus der Toilette um sich. Dabei fügte der WC-Chef extra einen Behälter hinzu.

2 DIESES KUNSTVOLL gestaltete Schild hängt auf der Toilette des Puppentheaters in Bangkok. Dementsprechend höflich und hübsch fällt die Formulierung für Damenbinde aus.

3 ALS FREUNDLICHER Herr wird man auf diesem Campingplatz in Tschechien auch freundlich behandelt. Ein bisschen Härte müssen die Herren aber gleichzeitig auch beweisen, denn wer duschen will, sollte besser etwas Druck ausüben. Blöd ist nur wenn man eine freundliche Dame ist und duschen will.

VEUILLEZ LAISSER LES TOILETTES DANS
L'ETAT OU VOUS SOUHAITERIEZ LES
TROUVER EN RENTRANT.

MERCI.

PLEASE LEAVE THE TOILETS IN THE STATE
OR YOU WOULD WISH TO FIND THEM WHILE
RETURNING.

THANK YOU.

LASSEN SIE BITTE DIE TOILETTEN IM
STAAT,ODER SIE WÜRDEN WÜNSCHEN,SIE ZU
FINDEN,INDEM SIE ZURÜCKKEHREN WÜRDEN.

DANKE.

1 *Korsika, Frankreich*

VOGLIA LASCIARE IL BAGNO NELLO STATO O
VOREBBE TROVARLO RIENTRANDO.

GRAZIE.

2 *Pointe du Hoc, Frankreich*

1 IN KORSIKA sind mehrere Fälle von politisch motivierten Toi-
letten-Entführungen bekannt geworden. Deshalb wird offiziell dazu
aufgerufen, die Toiletten im Staat zu lassen, andernfalls, so heißt es,
würde man sie bei der Rückkehr irgendwie vermissen. Das Schild sagt
vor allem etwas über den Toilettenbesitzer aus: L'état, c'est moi – der
Zustand bin ich.

2 PAPIER IST NICHT gleich Papier. Das eine wirft man in die
Toilette, das andere benutzt man, um sich auszuweisen oder einen
Hauskauf zu besiegeln. Wichtig ist, beide Sorten von Papier nicht zu
verwechseln, was ziemlich viel „Aufmerkasmkeit" erfordert. Bei der
Übersetzung vom Französischen ins Englische und weiter ins Deutsche ist aus dem Papier ein Dokument und aus dem Tampon ein Stöp-
sel geworden – durch Unaufmerkasmkeit.

O - AB LEHNEN DER DECKEL IST AUFGERICHT

Kiel, Deutschland

Sabine Bevendorf

E SOMMERTRÜFFEL
ber aestivum Vitt.)
: Sommertrüffel (Tuber
m Vitt.), Wasser, Salz.
veder Konservierungsstoffe

TRÜFFEL SIND nicht jedermanns Sache. Dieser erdige, nussige Geschmack lässt Fans vor Freude aufstöhnen, Nicht-Fans fühlen sich eher an faulendes Holz erinnert. Wenn „der Deckel ist aufgericht", sollte allerdings jeder dankend ablehnen. Dann ist der Pilz im Glas verdorben, und der Verschluss wölbt sich nach oben.

Selbst gemacht

Do-it-yourself ist im Trend. Warum also nicht mal selbst pflanzen, fräsen oder eine „Röhre-Schale" stricken? Ohne detaillierte Bedienungsanleitung kann so ein Vorhaben aber leicht scheitern. Also bitte aufpassen, das Licht „zuschrauben" und den „Dorn des Stromes" rechtzeitig trennen. Bitte das folgende Kapitel und die darin enthaltenen „schrittweisen Anweisungen" ganz aufmerksam lesen!

IN MARCIA LE
PORTELLE DEVONO
ESSERE CHIUSE E
BLOCCATE

EN MARCHE LES
TRAPPES DOIVENT
ETRE FERMEE ET
VERROILLES

IN FARHT DIE
KLAPPEN MUSSEN
ZUBLOKVERSCHLUSS

Limmattal, Schweiz

WÄHREND DER Fahrt gilt: Klappe zu. Das ist bei italienischen Güterzügen besonders wichtig, denn sonst kann es dazu kommen, dass unterwegs Buhcsteban und Siblen verrustchen und ganze Wörter verloren …

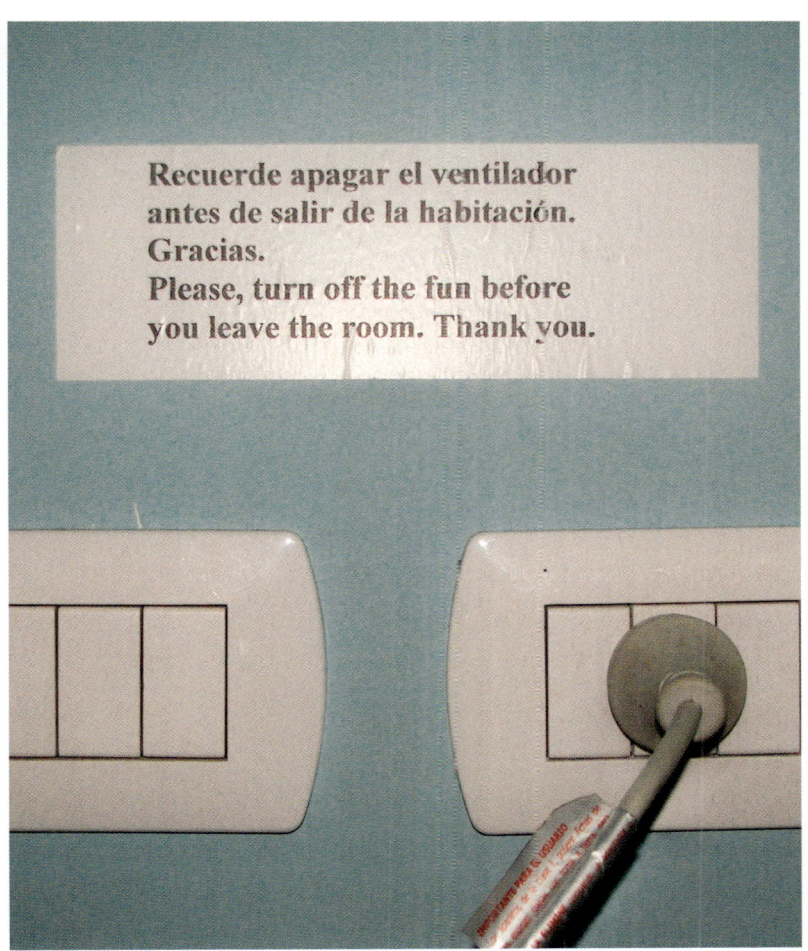

Buenos Aires, Argentinien

FUN, FUN, FUN! In Buenos Aires kann man viel Spaß haben, gerade auch in Hotelzimmern. Manche Touristen wissen aber nicht, wann Schluss ist, also wird höflich darauf hingewiesen, den Spaß vor Verlassen des Zimmers auszuschalten. Was ein Spaß! Oder eine Verwechslung von „fan" (Ventilator) und „fun".

CE

ORBIS

0

Iluminación
Illumination
Erleuchtung

1€

ATENCION
DESCONECTAR ANTES DE ABRIR ESTA TAPA

CTME BÁSICO
Un/Fn   230V 45-60Hz
⎓/⏦ μ 10(2)A 250V~

Brasserie des Jardins

قاعة مكيفة

Salle Climatisée

Air Conditioned Room

Klimatisierte luft
Halle

2 *Port El-Kantaoui, Tunesien*

1 IN DEN MEISTEN Religionen ist es relativ aufwändig, die Erleuchtung zu erlangen. Man muss als Ameise wiedergeboren werden, jahrelang meditieren oder seine Körperteile verbiegen, bis es irgendwann klick macht – und man dann ins strahlende Licht eingeht. In der Kirche Iglesia de San Nicolás in Spanien ist das viel einfacher: einen Euro einwerfen, klick, Erleuchtung. Auch Leute, die keine sprachlichen Leuchten sind, ahnen: Es handelt sich nur um die Beleuchtung.

2 IST ES MIT dem Klimawandel schon so schlimm, dass man sich nur noch in Lufthallen aufhalten kann? Klimatisiert ist in diesem Fall aber nur der Saal, der Irrtum hat seinen Ursprung im falschen Bezug des englischen Wortes „conditioned".

Katharina Schaffrath

SPULE-WEBSTUHL

*Der Spule-Webstuhl wurde entwerft, um Röhre-Schale zu machen, so wie auch als Stiele und Gürtel für gestrickene Projekte, die mit Knifty Knitter™ Webstühle gestricken wurden. Wenn Sie einen Gürtel oder einen Stiel für etwas Gestricktes auf einem Langen Webstuhl machen, stricken Sie mit dem kleineren Ende der Spule-Webstuhl (5 Stifte). Das kleine Ende muss nach oben sehen. Wenn Sie einen Gürtel oder einen Stiel für etwas Gestricktes auf einem Runden Webstuhl, stricken Sie mit dem großeren Ende der Spule (8 Stifte). Das große Ende muss nach oben sehen.

1 *Ruston, Louisiana, USA*

Dominik Gries

Sala de Provas

*Este espaço destina-se à comercialização dos produtos que aqui se fabri
a aguardente de cana, mais conhecida como Rum, o bolo de mel; entre o
que poderá provar e adquirir neste bar*

Tasting Room

*This space is destined to the commercialization of the products that are
manufactured; cane liquor, more known as Rum and the honey cake; amo
others that can be tasted and you may acquire in this bar*

Probieren Raum

*Dieser raum wird zur kommerzialisier ung von den produkten, die hier
hergestellt wied, zu spazierstock - alkohol, beab ichtigt bekannter des
komisch, der honig - kucken, unter die es kann dieser erwerben*

2 *Madeira, Portugal*

VORSICHT

Die mächtige Verwendung einer Kühlflüssigkeit, die man das System seiner Haarkur der Luft ruinieren kann. Nur R-134a benutzt. Vermischen Sie sich auch nicht, der R-134a ersetzt eine mit anderer Kühlflüssigkeit.

Wartung:
Wird die Klimaanlage über einen längeren

3 *Pirmasens, Deutschland*

1 EINE SENSATIONELLE Erfindung, die den Textilmarkt revolutionieren wird: Mit dem „Spule-Webstuhl" lassen sich viele Dinge herstellen, etwa „Röhre-Schale", „Stiele" und Gürtel. Eine fantastische Erfindung, allerdings wurde sie bereits vor Urzeiten gemacht und seitdem als Strickliese für wunderschöne Handarbeiten eingesetzt.

2 BEI INTERESSANTEN Experimenten mit Alkohol und Buchstaben ist es gelungen, aus portugiesischen und englischen Vorlagen einen deutschen Satz zu destillieren, der den Zustand des Betrunkenseins sprachlich exakt wiedergibt. Er ist durchsetzt von Schluckauf-Pausen, total albern und ziemlich wirr. Zur Ernüchterung: „Cane" heißt sowohl Spazierstock als auch Zuckerrohr. Aus Letzterem wurde auch der Schnaps gemacht, der dieses Schild ermöglicht hat.

3 DER SUZUKI JIMNY ist ein Mini-Geländewagen, der relativ wenig Sprit verbraucht. Allerdings sollte man mit der Kühlflüssigkeit aufpassen, sie kann systembedingt die Haarkur ruinieren. Der Fehler hat hoffentlich nur sprachliche und keine technischen Ursachen: „Air conditioner" heißt Klimaanlage und nicht „Haarkur der Luft".

OCK

Funktionsdoppeljack

Hannover, Deutschland

- Atmunasaktiv
- Nachtverschweißt
- Unterarmreißverschluss
- 100% Wasserdicht
- 10.000 MM; 10.000 gr/m²/24h

gedruckt auf Recyclingpapier

DIE MEISTEN FUNKTIONSJACKEN sind atmungsaktiv und haben verschweißte Nähte. Dieses Spitzenmodell dagegen ist „atmunasaktiv", was bedeutet, dass man auch im Nassen atmen kann. Zudem wurde es in der Nacht verschweißt, wodurch es im Dunkeln noch dichter ist. Der Doppelfunktions-Skeptiker fragt sich: Dichtung oder Dummheit?

Vennligst slå av lyset.

Please turn off the light.

Bitte das Licht zuschrauben.

Thomas Rihlmayer

1 *Jørpeland, Norwegen*

In caso di temporale si prega di staccare la spina della corrente della televisione e della parabola.

————————

Im Thunderstormfall wird es gebetet, um den Dorn des Stromes des Fernsehens und der Parabel abzutrennen.

Torsten Fröhlich

2 *Portole, Italien*

3 *Hexenagger, Deutschland*

1 DIE NORWEGER haben einen besonderen Bezug zum Licht. Weil es in ihrem Land so wenig Sonnenschein gibt, wollen sie ganz sichergehen und bitten Besucher, das Licht zuzuschrauben. Man muss keine naturwissenschaftliche Lichtgestalt sein, um dies zu bewerkstelligen – sondern bloß den Schalter betätigen.

2 IM THUNDERSTORMFALL hilft manchmal nur noch beten. Jesus konnte der Bibel zufolge einen Sturm mit der Macht des Wortes stoppen, aber was passiert, wenn die Macht des Wortes irgendwie bei der Übersetzung geschwunden ist? Dann muss man wohl doch ganz pragmatisch vorgehen und den Fernseher und die Satelitenschüssel vom Stromnetz trennen.

3 NAHVERKEHRS-NEUDEUTSCH für Anfänger: Ein Shuttlebus (sprich: Schattlebus) shuttelt (sprich: schattelt, meint: pendelt) zwischen zwei Haltestellen, ein Schüttelbus (sprich: Schüttelbus) schüttelt seine Passagiere durch. Eine ideale Mischung aus beiden ist der Schuttelbus. Er ist zuverlässiger als ein Schüttelbus, aber viel lustiger als ein Shuttlebus. Und jetzt alle: Schi-Scha-Schuttelbus, schalala-lala!

ACHTUNG

GEFHAR HEREINZULEGEN
SCHLIESSEN SIE NICHT DIE TÜR,
BEVOR ES FESTGESTELLT ZU
HABEN. DASS NIEMAND IN DER
MIT DER SCHUTZSCRANKE
BEGRENZTE GEFÄRLICHE ZONE
IST. WENN MAN HEREINLEGT,
MUSS MAN, UM AUS DIE
GEFÄRLICHE ZONE
HERAUSZUKOMMEN, DEN
AUFHALTER, DER DIE ÖFFNUNG
DER TÜR VERHINDERT, DURCH
UMDREHUNG IM UHRZEIGERSINN
DES ROTEN HEBEL, DER IN DER
UNTEREN TEIL DES MICRO-
SCHALTER LIEGT, FREIGEBEN. NACH
DER NACHSTANDENTBLOCKUNG,
STELLEN SIE DEN HEBEL IN DIE
ANFANGSLAGE WIEDER, UM DIE
FUNKTIONIERUNG DES MICRO-
SCHALTER WIEDERZUSTELLEN.

Haimo Pölzl

Haimo Pölzl

2 *Niš, Serbien*

1 AN CNC-FRÄSMASCHINEN kann es zu grässlichen Arbeitsun-
fällen kommen, wenn man nicht furchtbar aufpasst. Gut, dass es leicht
verständliche Schilder gibt wie dieses, die einen vor dem „Hereinlegen"
und anderen Gefahren warnen. Aber wo war noch mal der rote Hebel für
die „Nachstandentblockung"? Es wäre dringend nötig diesen Schalter zu
lösen, sonst passiert noch so ein schrecklicher Übersetzungsunfall.

2 AUGEN AUF im Straßenverkehr, und nichts anbrennen lassen!
Es sei denn, man fährt in einen unbeleuchteten Tunnel. Dann gilt:
„Pharen" anbrennen! Aber wie geht das? „Phares" heißt auf Deutsch:
Scheinwerfer.

IMPORTANT NOTICE !

SAYIN MİSAFİRLERİMİZ,

TERMAL HAVUZLARIMIZDAKİ RENK FARKLILIĞI, SUYUN İÇİNDEKİ MİNERALLERİN GÜNEŞ IŞINLARI VE HAVA İLE TEMASI SONUCUNDA MEYDANA GELEN VE SUDA HIZLI YOSUN OLUŞUMUNA SEBEP OLAN NORMAL BİR REAKSİYONDUR. HAVUZ KİRLİLİĞİ OLARAK DEĞERLENDİRİLMEMESİ RİCA OLUNUR.

DEAR GUESTS;

PLEASE BE INFORMED THAT THE BLUR WATER IN THERMAL POOLS ARE THE RESULT OF MINERAL OXIDATION AND ALGAE FORMATION THAT OCCURS WITH THE DIRECT CONTACT OF MINERALS WITH HEAT AND AIR. WE KINDLY REQUEST YOU NOT TO CONFUSE THEM WITH POLLUTION.

LIEBE GÄSTE;

SEIEN SIE BITTE INFORMIERT, DASS DIE UNSCHÄRFE WASSER IN DEN THERMISCHEN LACHEN DAS RESULTAT DER MINERAL OXIDATION UND ALGEN ANORDNUNG SIND, DIE MIT DEM DIREKTEN KONTAKT DER MINERALIEN MIT HITZE UND LUFT AUFTRITT. WIR VERLANGEN SIE FREUNDLICH, SIE NICHT MIT VERUNREINIGUNG ZU VERWIRREN.

CHERS INVITÉS ;

VEUILLEZ ÊTRE AU COURANT QUE LES L'EAU DE TACHE FLOUE DANS LES PISCINES THERMIQUES SONT LE RÉSULTAT DE LA FORMATION MINÉRALE D'OXYDATION ET D'ALGUES QUI SE PRODUIT AVEC LE CONTACT DIRECT DES MINERAIS AVEC LA CHALEUR ET L'AIR. NOUS VOUS INVITONS À NE PAS LES CONFONDRE AVEC LA POLLUTION.

BESTE GASTEN;

GELIEVE WORDEN GEÏNFORMEERD DAT HET WATER VAN HET ONDUIDELIJKE BEELD IN THERMISCHE ZWEMBADEN HET RESULTAAT VAN DE MINERALE OXYDATIE EN VORMING ZIJN VAN ALCEN DIE MET HET DIRECTE CONTACT VAN MINERALEN MET HITTE EN LUCHT VOORKOMT. WIJ VERZOEKEN U VRIENDELIJK OM HEN MET VERONTREINIGING NIET TE VERWARREN.

ДОРОГИЕ ГОСТИ;

ПОЖАЛУЙСТА БУДЬТЕ INFORMED ЧТО ВОДА НЕРЕЗКОСТИ В ТЕРМАЛЬНО БАССЕИНАХ БУДУТ РЕЗУЛЬТАТОМ МИНЕРАЛЬНОГО

Kusadasi, Türkei

BITTE NICHT LACHEN, aber die „thermischen Lachen" dieses Wassers sind unscharf. Dementsprechend wischiwaschi formuliert ist auch das Warnschild, das mehr verwirrt als erklärt. Grob heißt es, man soll sich von Verunreinigungen im Wasser nicht verwirren lassen.

Thassos, Griechenland

AM MEER RECHNET man ja mit vielem Absonderlichem, etwa mit fliegenden Fischen oder fliegenden Händlern – aber fahrende Boote, die auf einem Parkplatz am Strand stehen? Vielleicht sind Schuhe (boots) gemeint, die so groß sind wie Kähne.

Videoemail-Anweisung (Windows XP oder Vista)

Installierung des Fahrers: (Schließen Sie nicht die Maßeinheit
vorher) Die Maßeinheit sollte mit einem
CD kommen. Setzen Sie das CD in den CD-ROMantrieb ein.
Klicken Sie dann an die die Akte, um anzubringen.

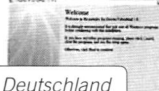 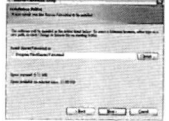 

1 *Düsseldorf, Deutschland*

Zuerst erscheint der willkommene Schirm. Betätigen Sie bitte
sich zunächst. Dann bittet er Sie um um die Akte, dass Sie innen
anbringen möchten. Setzen Sie bitte den Dateinamen ein, den
Sie wünschen, oder der Computer stellt automatisch Videomail
Akte her. Dann tun Presse zunächst wieder und er die volle
Installation.

Wenn Installation erfolgt ist, beginnen Sie bitte den Computer
wieder. Verstopfen Sie dann die Maßeinheit in den Computer,
um zu verwenden.

Betrieb:

-Betätigen Sie sich einmal, um Foto zu nehmen.
-Dann kommt das Minimenü auf. Sie können
wählen zu, außer mailen oder das Foto
annullieren.
-Wenn eMail gewählt wird, öffnet sie die Aussicht
und sendet als Zubehör. Wenn außer gewählt
wird, gibt es Ihnen a Vorwähler, zum der Akte
zu speichern.

-Betätigen Sie sich einmal, um zu notieren zu
beginnen.
-Während der Aufnahme, wird ein purpurrotes
Licht auf Schirm blinken.
-Betätigen Sie sich wieder, um zu notieren zu
stoppen. Dann können Sie wählen um, außer
zu mailen, spielen Sie oder annullieren Sie.
-Wenn eMail gewählt wird, öffnet sie die Aussicht
und sendet als Zubehör. Wenn außer gewählt
wird, gibt sie Ihnen a Vorwähler, zum der Akte zu
speichern. Spiel ist, das Video nochmals zu spielen.

-Betätigen Sie sich einmal, um Aufnahmeton zu
beginnen.
-Während der Aufnahme, wird ein purpurrotes Licht
auf Schirm blinken.
-Betätigen Sie sich wieder, um zu notieren zu
stoppen. Dann können Sie wählen um, außer zu
mailen, spielen Sie oder annullieren Sie.
-Wenn eMail gewählt wird, öffnet sie die Aussicht
und sendet als Zubehör. Wenn außer gewählt wird,
gibt sie Ihnen a Vorwähler, zum
der Akte zu speichern. Spiel ist, nochmals zu
spielen notiert Ton.

-Betätigen Sie sich einmal, um das Programm zu schließen

Michaela Huber

EINFACH "schrittweise" Anweisungen

zen Sie das Multizelle (Fig.1)-Tablett auf einer glatten, festen Oberfläche. Füllen Sie die Zellen mit nen oder dem Eintopfen von Kompost und Niveau von der Oberfläche. Der Kompost sollte feucht sein, r nicht zu naß.

den Sie die Pflöcke des Multizweck-Werkzeuges über den Zellen und drücken Sie leicht und evenly g herunter. 2. Bedecken Sie auf den Zellen von der Oberfläche mit Kompost und Niveau. Die offenen sen ermöglichen schneller und leichter Inspektion, um zu überprüfen, wachsen Sie Entwicklung ohne Pflanzen zu berühren an.

umgekehrte Seite des Multizweck-Werkzeuges sollte als eine Plattform benutzt werden. Setzen Sie s das Verfilzen auf Spitze, das Einfügen davon genau in die Nische und cas Erlauben von ihm dem en Ende von der Matte, über das Ende von der Plattform zu hängen. Verlassen Sie das aufgedeckte iende Loch (Feige 3). Setzen Sie ins plastische Reservoir, und drei Viertel füllen sich mit Wasser, der Matte näßt und Überschußwasser erlaubt, ins Reservoir ohne spillage abzutropfen. Sie können das ssserniveau durch das Loch überprüfen.

zen Sie das Multizelle-Tablett auf die Matte, und dann Wasser (Abb. 4), daß dieser sehr wichtig ist, nerzustellen, daß die Matte richtig funktioniert. Die Selbst-tränende Einheit sollte jetzt arbeitend sein. zen Sie das Tablett auf einer festen Oberfläche.

etzen Sie das Tablett das Verfilzen, und lösen Sie es aufwärts wieder auf. Scheck, den der Kompost s Verfilzen unter jeder Zelle berührt hat. Wenn nicht, regeln Sie den Kompost (Abb. 5) wieder, Die heit wird 24 Stunden pro Tag Ihre Pflanzen gießen und sie nur das Wasser aufzunehmen, verlangte auben.

zen Sie die plastische Decke einfach über das Zelltablett, um die Einheit zu hindern, zu schnell szutrocknen (fig.6). Wenn Sie die Einheit draußen benutzen, schließen Sie es in Stelle ein. Bedecken auf dem Wasserniveau durch das Loch wenn erforderlich.

nn Sämlinge gekeimt haben, oder Ausschnitte wuchsen an, ziehen Sie die Spitze um. Während die tze für das Keimen und das Begründen ausgezeichnet ist, sät und Ausschnitte die Pflanzen werden von er Periode profitieren, sich vor dem Pflanzen hihaus weg zu härten.

h der Pflanzenstelle das Multizweck-Werkzeug zu entfernen, fach Seiten entlang, auf einer festen erfläche. Setzen Sie das Multizelle-Tablett über die Pflöcke damit sie engauge mit den Zellbasen. Jetzt cken Sie das Multizelle=Tablett sachte herunter, bis die Pflanzen aufwärts knallen. (Fig.7.) Jede der anzen wird in einem Topf enthalten, formte Kompostblock, ideal dafü, ohne Risiko des Schadens hinaus pflanzen.

nn nicht im Gebrauch, der Selbst-tränende Verbreiter gemein kann dafür benutzt werden, eine Anzahl iner Topfpflanzen zu bewässern, (Fig 8).

2 *Waffenbrunn, Deutschland*

1 EINE WEBCAM zu installieren, ist gar nicht so schwer: Man braucht einen Fahrer, eine Akte, die man „innen anbringen" muss — und dann sollte auch noch die Presse eingeschaltet werden.

2 DIESES Multizellen-Tablett hat Niveau, was man schon daran erkennt, dass die „einfach schrittweise Anweisungen" die Ausmaße eines Romankapitels haben. Beim Studieren des Werkes kann es passieren, dass der Anwender aus Verzweiflung zum „Selbst-tränenden Verbreiter" wird.

PARKERING MOD BETALING

ALLE DAGE 00^{00} - 24^{00}

← **P** ←

PARKING AGAINST PAYMENT
PARKEN GEGEN GEBÜHR

Ved indtagelse af middag på Perlen
refunderes 2 timers parkering.

Overtrædelse af bestemmelserne kan medføre
kontrolgebyr på 510 kr./døgn.
Parkering foregår på eget ansvar.
Området drives efter privatretlige regler.

1 *Blåvand, Dänemark*

1-Wählen Sie Ihre Programme

2-Stecken Sie den Waschmützen

3-Drücken Sie auf dem grüne Taste

2 *Korsika, Frankreich*

ENTRÉ FYRTÅRNET

Betal venligst her,
når informationen er lukket.

Please pay here,
when the information is closed.

Pay-hier, so bald die Information
sind urheberrechtlich geschützt.

3 *Hanstholm, Dänemark*

1 HIER IST die deutsche Übersetzung korrekt, dafür muss gegen die allzu wörtliche Übertragung ins Englische gebührlicher Protest eingelegt werden. „Parking against Payment" – das wäre Protest-Parken, das sich gegen die Bezahlung richtet.

2 DIESE WASCHMASCHINE auf einem Campingplatz ist trotz einfacher Anleitung schwer zu verstehen. Selbst wenn man „dem grüne Taste" ertastet und die Programme findet, funktioniert sie nur, wenn man sich eine „Waschmütze" steckt. Ist das vielleicht eine Art Badekappe? Ein sauberer Fehler: Gesteckt werden nur die Waschmünzen.

3 EIN URHEBERRECHTLICH geschützter Leuchtturm? Keine schlechte Geschäftsidee. Allerdings hätten die Inhaber der Touristenattraktion der Übersetzung ein wenig mehr Aufmerksamkeit zollen sollen, denn in diesem Fall geht es nicht um urheberrechtlich geschützte Informationen, sondern um den geschlossenen Informationsschalter.

Szobák tűzvédelmi előírásai

- A szállodai szobák „D" tűzveszélyességi osztályba vannak sorolva, mérsékelten tűzveszélyesek
- A szobákat csak a rendeltetésnek megfelelően szabad használni.
- Ágyban dohányozni nem ajánlatos, tüzet- és balesetet idézhetünk elő, ha elalszunk cigarettázá közben.
- PB-palackot, tűz és robbanásveszélyes folyadékot, autó akkumulátort a szobába felvinni nem engedélyezett.
- Az elektromos készülékek villásdugóját használat után a dugaszolóaljzatból ne felejtse el kihúz
- Gyúlékony anyagok használata közben /körömlakklemosó, stb/ tartózkodjon a dohányzás és n láng használatától.
- A vendégeket tűz esetén telefonon, élőszóval hangos kiáltással /tűz van!/ értesítjük. Értesítés u kérjük a vendégeinket a szobák elhagyására a menekülésre szolgáló lépcsőházon keresztül és v helyen, az utcán gyülekezzenek.
- Kérjük kedves vendégeinket a tűzvédelmi előírásban foglaltakat betartani szíveskedjenek!

Feuerschitz Vorschriften für die Zimmer

- Dei Hotelzimmer sin din Classe „D" von Feuergefahr eingestuft, d.h. Ermassigt feuergefarlic
- Es gewünscht sich, die Zimmer nur Ordnungsgemasse zu benützen.
- Das Rauchen im Bett empfehlenswert wegen eventuelle Verursachen von Feuergefahr oder u im Falleneinschlafen im Bett.
- Gastbehalter, Feuer- und Explosionsgefahrliche Stoffen, Autobatterie lagern im Zimmer ist n empfohlen.
- Im Laufe des Gebrauchs von entzündliche Stoffe /Nagellackabwascher usw./ das Rauchen un Gebrauch von Feuer ist nicht empfohlen.
- Im Falle, das im Hotel Feuer ist, werden die Gäste mit lauter schreien oder telefonisch aufgev Nach dem Benachrichtigung es bittet sich die Zimmer zu verlassen über das Treppehaus und der Strasse sich zu versammeln.
- Wir bitten unsere liebe Gäste die oben geschreibene Vorschriften einzuhalten!

> 1 *Sopron, Ungarn*

The rules to prevent fires

- The hotel-rooms arr classifiein as moderately inflammable class „D".
- You may use the rooms according to their function.
- It is not recommended to smoke in bed because it can easily cause a disaster, if you fall asleep you are smoking.
- You must not take any PB-gas bottles, flammable and explosive fluid sor car-accu to your roo
- Do not forget to pull out the plugs of electric machines after use.
- While using inflammable materials /nail-polish-remover etc./ you should keep from smokin using naked flame.
- If there is a fire we inform our guests about it by ringing a bell and really by a laud cry „fire!". getting the information please leave the rooms through the staircase for emergency and gathe protected place in the street.
- We ask our guests to keep whatr is laid in the fire preventions rules.

LEGEN SIE IHRE ERDÖLKARTE IN DER KASSE BITTE VOR.

Danke für Ihre Auffassungsgabe

2 *Hohkönigsburg, Frankreich*

1 SIND HOTELS mit ermäßigten Preisen auch ermäßigt feuergefährlich? Diese Frage stellt sich, wenn man die „Feuerschitz"-Vorschriften in diesem ungarischen Hotel studiert. Rauchen im Bett sei empfehlenswert, das Lagern von Autobatterien im Zimmer allerdings weniger, heißt es da. Und keine Sorge: Im Falle eines Feuers wird man mit „lauter schreien" geweckt. Zum Schreien, diese Übersetzung.

2 MUSS MAN EIN ÖLMAGNAT sein, um an dieser Tankstelle Benzin kaufen zu dürfen? Nein, man braucht keine besonders schnelle Auffassungsgabe, um herauszufinden, dass der französische Tankwart auf Deutsch Unsinn verzapft: Gefragt ist lediglich eine Tankkarte.

TOW-AWAY ZONE

May thru October

Shuffle your feet or you'll do the stingray hop

•

Ein Schlurftanz im Sand erspart den Stachelrochenbrand.

•

Si entra al agua Arraste los pies El stingray le picara

Alcohol Prohibited in Public Areas FMB Ord. 02-12 Open Alcoholic Beverages Container Ord. Strictly Enforced

Bernhard Kubicek

Sanibel Island, Florida, USA

AM STRAND VON Sanibel Island muss der Tourist nicht nur mit Sonnenbrand rechnen, sondern auch mit Stachelrochenbrand. Es sei denn, er richtet sich nach dem nett gereimten Warnhinweis und vollführt den Schlurftanz. Dies ist wörtlich zu nehmen: Schmerzhafte Begegnungen mit Stachelrochen lassen sich vermeiden, indem man durch den Sand schlurft und so den Rochen rechtzeitig in die Flucht schlägt.

Schikanös

Immer wieder muss vor Touristenfallen gewarnt werden. Nepper (das sind die Komplizen der Schlepper und Bauernfänger) denken sich stets neue Tricks aus, etwa die „Wasserfalle", den Atombomben-Knallfrosch, die perfiden „Störungen durch Verbesserungen" oder den heimtückischen Stachelrochenbrand. Sagen Sie nicht, wir hätten Sie nicht gewarnt!

1 *Blåvandshuk, Dänemark*

På grund af
SANDFLUGTSFARE
bedes De benytte områdets
flisbelagte stier

Um SANDTREIBEN zu vermeiten
bitten wir Ihnen die belegten Pfade
zu benutzen

SANDFLUGTSMYNDIGHEDEN
OXBØL STATSSKOVDISTRIKT

Manuel Kraus

2 *Alamogordo, New Mexico, USA*

1 IN DÄNEMARK gibt es Probleme mit bösartigen Wanderdünen. Die Sandhaufen wandern, wohin sie wollen und verwandeln hübsche Ferienorte in Wüsten. Um das unkontrollierte Dünenwandern zu vermeiden, werden Dünenwanderer gebeten, auf den Wegen zu bleiben. Leider sind sie meistens schon belegt – aber nicht mit Wanderermassen, sondern mit Holzrinde, was gegen den Wandertrieb des Sandes hilft.

2 IN DIESER ÖDEN Gegend in New Mexico scheint es ratsam, sich aus allem herauszuhalten und sich möglichst wenig zu bewegen. Eine große Gefahr ist dort das „Abreuern in Bewegung", eine weitere sind die drohenden Unterhaltsforderungen. Ganz zu schweigen von den Waffen. „Keep" ist auf Englisch tatsächlich der Lebersunterhalt – aber in diesem Fall geht es nicht um das Substantiv, sondern um das Verb „keep" – also bitte fernhalten.

Vanessa Spannring

Please Use Caution

Sharks may be present at any time. They are a very important part of our ecology.
They exist world wide and can be found in most all salt or brackish waters.

TENGA CUIDADO POR FAVOR

Los tiburones pueden estar presentes en cualquier momento. Son muy parte importante de nuestra ecología. Existen por todo el mundo y pueden ser encontrados adentro más toda la sal o aguas salobres.

BITTE VORSICHT

Haifische können anwesend jederzeit sein. Sie sind sehr wichtiges Teil unserer Ökologie. Sie bestehen weltweit und können innen am meisten gefunden werden alles Salz oder unreine Wasser.

VEUILLEZ FAIRE ATTENTION

Les requins peuvent être présents a tout moment. Ils sont très partie importante de notre écologie. Ils existent dans le monde entier et peuvent être trouvés dedans plus tout le sel ou eaux saumâtres.

1 *Fort Myers Beach, Florida, USA*

Berit Schwarz

FARLIG FOSS
DANGEROUS WATERFALL
GEFÄHRLICHE WASSERFALLE

2 *Lunde, Norwegen*

1 ÜBER DIE ANWESENHEIT von Haien sollten sich Florida-Touristen nicht wundern. Wahrscheinlich hängen sie sogar in Bars herum – wie es auf diesem Warnschild heißt, können die Raubfische innen sogar am meisten gefunden werden.

2 UNTER ALLEN Touristenfallen ist die „Wasserfalle" die fieseste. Wenn man sich volllaufen lässt, dann besser in einer üblen Abzock-Bar und nicht in der „Wasserfalle" – im letzteren Fall herrscht die Gefahr des Ertrinkens, im ersten nur die Gefahr des Betrinkens und des Bankrotts.

3 EIN POETISCHER SATZ, der an Bertolt Brecht erinnert, an das Alte Testament und an einen Aphorismus von Schopenhauer. Dabei ist der Hinweis ganz unpoetisch an Elefanten im Porzellanladen gerichtet: Wer etwas zerbricht, blecht – die Scherben darf er behalten.

ATTENZIONE
BALNEAZIONE NON SICURA PER
MOMENTANEA SOSPENSIONE DEL
SERVIZIO

ATTANTION
BATHING DANGEROUS FOR
SUSPENSION LIFE-SAVING SERVICE

ATTENTION
BAIGNADE DANGEROUSE POUR LA
SUSPENSION DU SERVICE DE
SAUVETAGE

VORSICHT
BADEN NICHT UNBEDENKLICH FUR
DIE AUSSETZUNG DER SERVICE
DES SPARENS

Pescara, Italien

ÜBERALL WIRD gespart, sogar am Badestrand. Wenn „der Service des Sparens" einen Aussetzer hat, bedeutet dies also, dass gerade nicht gespart wird? Möglicherweise hat man aber nur an einem Übersetzer gespart, der wüsste, wie man es richtig und mit sparsamen Worten formuliert, dass der Rettungsdienst seine Arbeit unterbricht.

Retournac, Frankreich

MANCHE TOURISTEN wollen in den Ferien am liebsten eine Art temporäre Frühvergreisung zelebrieren, also lassen sie sich hinten und vorne bedienen und bewegen sich möglichst wenig. Das heißt dann „Seele baumeln lassen". In der Auvergne geht das besonders gut – dort gibt es sogar die Möglichkeit, komplett frei zu werden von allem; man muss nur dem Schild „Ausleerung für Fußgänger" folgen.

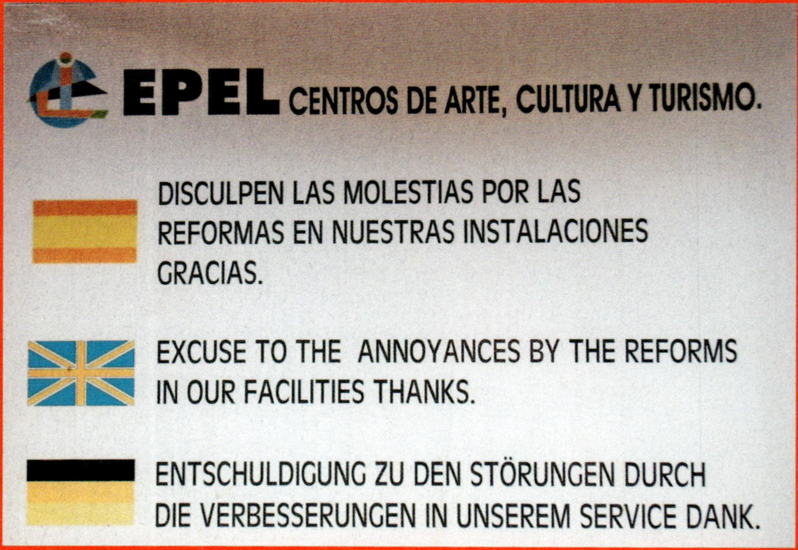

1 *Lanzarote, Spanien*

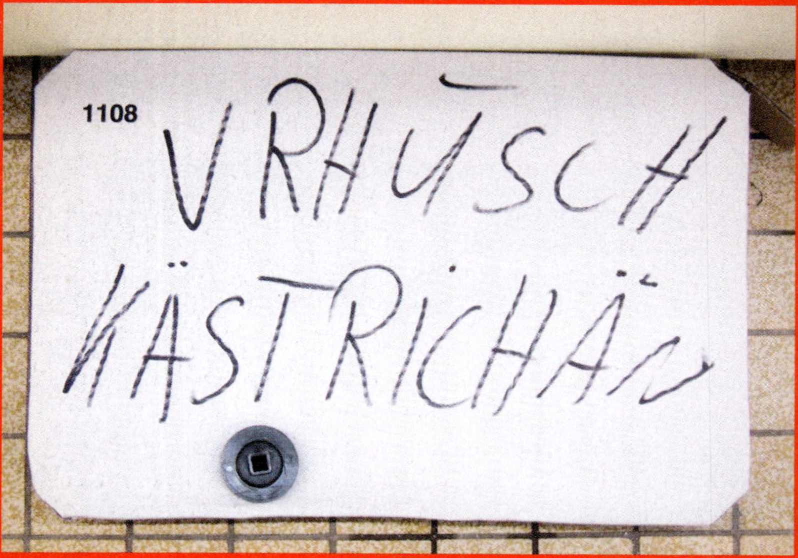

2 *Titisee, Deutschland*

Christina Wienhöfer

PLEASE DON'T THROW ANY OBJECTS, STONES…AT THE MONKEYS. I
DANGEROUS BECAUSE THEY WILL THROW THEM BACK AT YOU.
THANK YOU…

BITTE HEINE STEINE ZU DEN AFFEN SCHMEIPEN, DIE AFFEN WERFEN
ZURÜCH. DAS HANN GEFÄHILICH WERDEN.
DANKE

3 *Fuerteventura, Spanien*

1 ES GIBT VERBESSERUNGEN und Verschlimmbesserungen.
Im Fall der echten Verbesserung wird tatsächlich etwas besser. Im
Fall der Verschlimmbesserung wird alles schlimmer. Beispiele: das
Dosenpfand, die Steuerreform der Bundesregierung oder der Eingang
der Lava-Höhle Cueva de los Verdes auf Lanzarote.

2 DIESER CAMPINGPLATZ am Titisee wird ständig modernisiert.
Alles bekommt einen neuen Anstrich, sogar die deutsche Rechtschreib-
reform wird mutig weiter reformiert. Das Schild beweist: Camping am
Titisee ist zukunftsweisend, sozusagen die Autdoah-Awohnggaht.

3 ES KANN IMMER gefährlich werden, Steine in die Gegend zu
werfen, aber auf Fuerteventura muss man mit Gegenwehr rechnen.
Affen, die dort in einer gefängnisartigen Ferienanlage namens Zoo
leben, werfen zurück! Merke: Wer im Affenhaus sitzt, sollte nicht mit
Heine-Steinen werfen.

Schikanös   **99**

NY

WE

EBEN

Bergen, Norwegen

Barbara Hofelich

MALEN NACH ZAHLEN ist etwas für Spießer. Der wahre Künstler malt spontan, schnell, unvermittelt. Dieses moderne Kunstwerk auf einem norwegischen Hurtigruten-Postschiff etwa sieht auf den ersten Blick aus wie ein Frisch-Gestrichen-Schild, es handelt sich aber um Konzeptkunst, die gerade eben gemalt wurde.

St. Martí d'Empúries, Spanien

ES GIBT VIELE GRÜNDE, die gegen das Schwimmen im Meer sprechen. 1. Das Wasser ist nass. 2. Salzwasser schmeckt zum Kotzen. 3. Unter Wasser können Menschen nicht atmen. 4. Im Meer schwimmen Quallen, Haie und andere böse Tiere. 5. Zusammengefasst: „Aus gesunden Gründen" bitte nicht schwimmen. Erstaunlich, dass trotzdem so viele Menschen unbedingt Strandurlaub machen wollen.

**ATTENZIONE
CORRIDOIO DI LANCIO
ATTRAVERSAMENTO PEDONALE
E BALNEAZIONE VIETATI ALL'INTERNO**

**ATTENTION
CORRIDOR OF THROWING
PEDESTRIAN CROSSING AND
BATHING FORBIDDEN TO THE INSIDE**

**AUFMERKSAMKEIT
FLUR VON WURF
FUBGANGER UBERQUEREN UND
BADEN VERBIETET IM INNEREN**

Pescara, Italien

AN EINEM STRAND in Italien entspannen? Geht schlecht. Strand-
fußballer, Dauertelefonierer und Kokosnussverkäufer rauben einem die
Ruhe. Nicht mal in den „Flur von Wurf" darf man flüchten, das ist verboten. Außerdem wäre es dort auch nicht viel ruhiger, denn es handelt sich
um einen Korridor, in dem Boote zu Wasser gelassen werden.

ATTENTION

All coverts placed in the tables and not refused, will
be debited against the account what of them it will be
consumed.

ATTENTION

Tous coverts placés sur les tables et non refusés, sera
débité dans le compte ce qui d'elles soit
consommé.

AUFMERKSAMKEIT

Alle verborgenin die Tabellen gelegtes und nicht
abgelehntes s, wird gegen das Konto debitiert,
was von ihnen es verbraucht wird.

ATENCIÓN

Todos secretos puesto en las tablas y no
hazado, será cargado contra la cuenta qué
de él será consumido.

1 *Lissabon, Portugal*

1 ES ERFORDERT extrem viel Aufmerksamkeit, um in diesem Lokal
nicht über den Tisch gezogen zu werden. Im Verborgenen werden dort
irgendwelche rätselhaften Dinge in Tabellen gelegt, und am Ende muss
der Gast alles bezahlen. Der Hinweis auf diesen üblen Trick ist in Geheim-
sprache formuliert und bedeutet zurückübersetzt: Alle Gedecke, die der
Kellner auf den Tisch legt, kommen auf die Rechnung. wenn der Gast sie
nicht ablehnt.

No tirarse de cabeza.
No diving.
Kopfsprung
Ne pas plonger.

2 *Mallorca, Spanien*

En caso de ahogamiento,coloquen al ahogado en posición inclinada, con la cabeza baja.
In the event of druwning,place the victim in a sloping position with the head downward.
Eine ertrunkene person sollte man in gebogener stellung mit hängedem kopf haltn und dringend.
En cas de noyade mettez le noye en position inclinée et tête baissée avertissez d'urgence.

3 *Mallorca, Spanien*

2-3 EIN PERFIDES SCHILD: Allen Touristen ist es verboten, einen Kopfsprung in den Pool zu machen, nur ir der deutschen Version fehlt das entscheidende „kein". Deshalb auch die dringende Anweisung, ertrunkene Personen in „gebogener stellung" zu halten, mit „hängendem Kopf". Traurig.

NOTICE

Only Passengers Travelling Outside Of Tanzania
Are Allowed to Purchase Duty Free Goods. Thank Yo

Abiria Wanaosafiri Nje Ya Tanzania Tu Ndio
Wanaoruhusiwa Kununua Vitu. Asante

Dem nur Passagier, der auBerhalb Tanzanias reist,
werdin erlaubt zollfreies goods. thank zu kaufen sie

On perment seulement a la passager voyageant en
dehors de de la Tanzanie d' acheter goods. thanks
exempt de droits vous.

Soltanto al passeggero che viaggia fuori della
Tanzania è permesso comprare liberamente il dovere
goods. thank voi

Solamente Se Permite al pasajero que viaja fuera de
Tanzania comprar goods. thank con franquicia usted

Kai Voss

HOTEL BEVERLY PLAYA

PARKING

(PROPIEDAD PRIVADA)

SOLO PARA CLIENTES DEL HOTEL * NUR HOTEL GAESTE
HOTEL GUEST ONLY * SEULEMENT POUR LES CLIENTS DE L'HOTEL

LLAMAMOS GRUA * WIR RUFEN DEM KRAN AN
WE CALL THE CRANE * NOUS APPELLONS LA GRUE

2 *Mallorca, Spanien*

1 ES IST FAST unmöglich, auf dem Flughafen von Sansibar zollfreie Waren zu kaufen. Sansibar gehört zu Tansania, und Duty-Free-Einkäufe sind nur Menschen erlaubt, die sich außerhalb Tansanias befinden – das schließt sich gegenseitig aus. Um den Umsatz anzukurbeln, soll das zollfreie Einkaufen neuerdings auch Passagieren gestattet sein, die von Tansania aus ins Ausland fliegen.

2 KRAN! KRAAAHAN! Er hört mal wieder nicht, der Kran. Dabei rufen sie ihm konsequent an, die Inhaber des Hotels Beverly Playa auf Mallorca. Besonders, wenn Autos dort parken, deren Besitzer nicht Gäste im Hotel sind. Aber trotz aller Kran-Rufe kommt immer wieder der Abschleppwagen.

Julia Faltenbacher

Nürnberg, Deutschland

täglich frisch

Herkunftsland   Warenart

ARTISCHOTTEN

Sorte   Handelsklasse   Preis

I.

FRISCH   Gramm   .99

Stück

täglich frisch

DIE ARTISCHOCKENPREISE können einen leicht schocken. Für den schmalen Geldbeutel wurde nun eigens eine neue Gemüseart gezüchtet. Die „Artischotten" sind zwar recht preisgünstig, dafür aber auch nicht ganz so zart wie herkömmliche Artischocken.

Rätselhaft

Woher kommen die „Artischotten"? Ist der schuppen- wie
namenlosen Albino-Klapperschlange noch irgendwie zu
helfen? Und wie zum Teufel kommt eine „Kirche ohne Kohlensäure" in eine Glasflasche? Manche Rätsel lassen sich
nicht mal mit dem Einsatz „weissenschaftlicher" Mittel
und mit der Hilfe „elektrischer Arbeiter" lösen. Wir haben
es trotzdem versucht.

Barakleiding

1 *Hurghada, Ägypten*

Patrick Gross

2 *Hurghada, Ägypten*

1-2 HURGHADA in Ägypten ist ein Wassersport-Paradies. Noch dazu werden deutsche Touristen in ihren regionalen Dialekten angesprochen. Speziell für Franken etwa werden die Sportarten „Barakleiding" und „Wasserschea" angeboten.

Page, Arizona, USA

IST KLASSIK tote Musik für halbtote Zuhörer? Und ist jeder Pop-Fuzzi zwangsläufig ein Erneuerer der abendländischen Kultur? Lebt Elvis noch? Ist Mozart unsterblich? Wer herausfinden will, welche Musik lebt und welche nicht, sollte einfach mal um 19 Uhr in diesem Saloon in Page, Arizona, vorbeischauen.

Lanzarote, Spanien

MEHR NETTO vom Brutto, wer wünscht sich das nicht? In diesem Supermarkt soll ein komplexes Rabattsystem dafür sorgen, dass am Ende mehr übrig bleibt vom Geld, aber die Rechnung ist schwer nachvollziehbar: 20 Euro spenden, und dann bekommt man 3 Euro für einen Zehn-Euro-Einkauf? Da ist guter Rat teuer.

1 *Toskana, Italien*

2 *Düsseldorf, Deutschland*

Peter Cermak

3 *Pushkar, Rajasthan, Indien*

1 SEKUNDENSCHLAF am Steuer ist eine große Gefahr im Straßenverkehr. Auf italienischen Autobahnen ist es deshalb verboten einzuschlafen. Ungewachte, also eingenickte Menschen, müssen dafür vorgesehene und entsprechend ausgeschilderte Schnarchbuchten benutzen – die allerdings unbewacht sind.

2 DIE KIRCHE MUSS neue Wege gehen, um wieder mehr Kundschaft zu bekommen. Führenden Theologen ist es nun gelungen, Glaubensinhalte zu verflüssigen, zu versüßen und in Flaschenform abzufüllen. Blasphemie? Im Gegenteil: Schon Jesus experimentierte mit Flüssigkeiten herum (Verwandlung von Wasser in Wein). Roter Kirche-Saft ohne Kohlensäure ist das Gleiche, nur ohne Alkohol.

3 INDIEN, eine aufstrebende Atom- und Humormacht, verfügt im Feuerwerksbereich über jede Menge hochbrisante Neuentwicklungen, die alljährlich beim Lichterfest Diwali zum Einsatz kommen. Einen kleinen Knallkörper mit dem Namen „Atom Bomb" zu versehen, lässt auf gewaltige sprachliche Sprengkraft schließen – und das erschrockene Gesicht des Mädchens dazu ist der Oberkracher.

Ingo Eppens

Fish Hoek, Südafrika

VIC'S PUNKT

"Die Südlichste Wurstbude Der Welt"

UNS IST
SEA FOO
PRAWNS
BRATWU
CURRYW

Chips

Norvics

ZUM TREFTPUNKT

DIE SÜDUCHSTE

WURSTBUBE

DER WELT

IM ÖRTCHEN Fish Hoek am Kap der Guten Hoffnung wartet der angeblich „süduchste Wurstbube" der Welt auf hurgrige Besucher. Sein Motto: „Uns ist alles Wurst." Der Bube enttäuscht die Gäste zwar orthografisch, aber dafür gibt es Bockwurst, Bratwurst, Frankfurter und Currywurst. Die Rechtschreibfehler? Wurst.

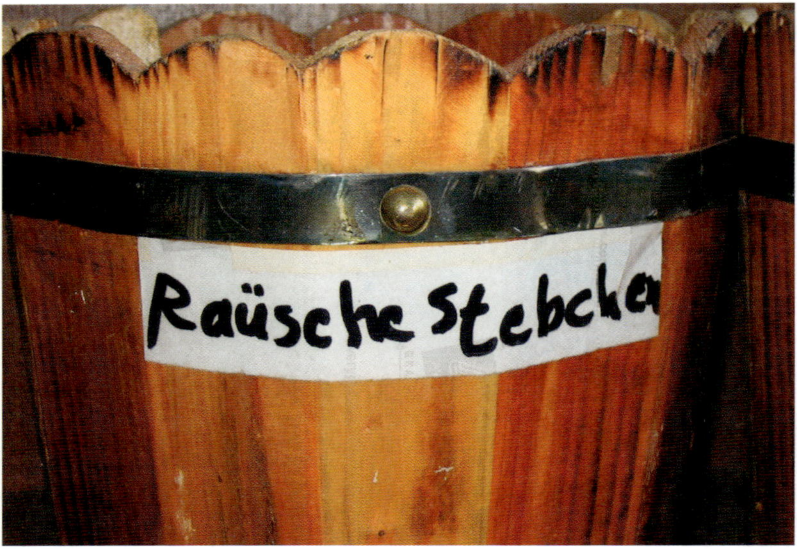
Raüsche Stebchen

Nicol Rathlau

1 *Hurghada, Ägypten*

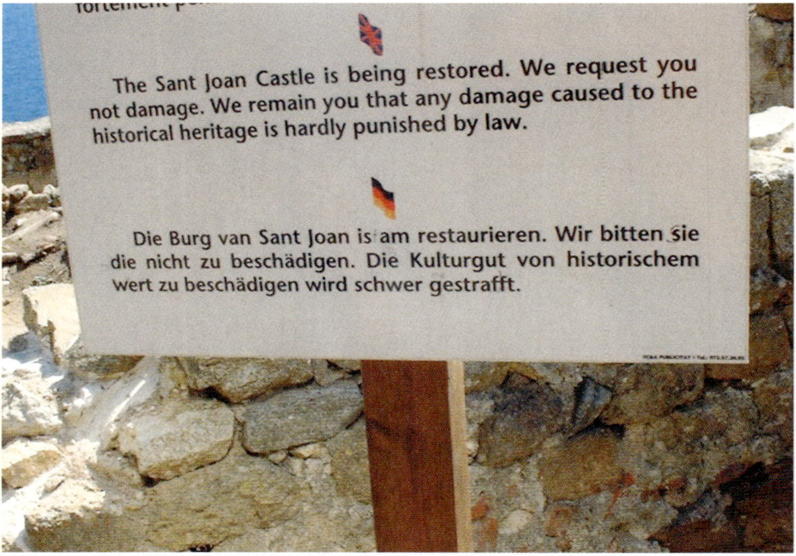
The Sant Joan Castle is being restored. We request you not damage. We remain you that any damage caused to the historical heritage is hardly punished by law.
Die Burg van Sant Joan is am restaurieren. Wir bitten sie die nicht zu beschädigen. Die Kulturgut von historischem wert zu beschädigen wird schwer gestrafft.

Jörg Schnettker

2 *Lloret de Mar, Spanien*

Das "BOTTONIERA" ist eine bestandene vulcanica Anordnung von 25 Kratern verrückt zu Ihnen zwischen Quote 2000 Millitorr und Quote 2500 Millitorr, entstanden während der Eruption von 2002, das die Stelle von Piano Provenzana zerstört hat.

3 *Sizilien, Italien*

1 EIN LIEBEVOLL gestalteter Gewürzladen in Ägypten verkauft allerhand geheimnisvolle Kräuter, unter anderem auch weiche Drogen am Spieß. Vorsicht, die „Raüsche Stebchen" können süchtig machen.

2 IN SPANIEN wurde die selbst heilende Ruine erfunden. Während alle anderen historischen Gebäude verfallen, restauriert die Burg Sant Joan unauffällig vor sich hin, bis alles gestrafft ist, wie nach einem Facelifting. Das Problem ist, dass die Tour sten darauf keine Rücksicht nehmen. Die Burg ist so was von am Restaurieren, dass es den Besuchern gar nicht auffällt, wie sehr sie sich damit abmüht. Respektlos!

3 DIE SIZILIANER nennen den mächtigen Vulkan auf ihrer Insel „die Ätna", weil er so unberechenbar ist wie eine Frau. Der Berg spinnt oft, hat unvermittelt Ausbrüche und bringt einen an den Rand des Wahnsinns. Andererseits ist er so schön und heiß, dass man ihm alles verzeiht – selbst die brutalen Verrücktheiten, die sprachlich nur schwer auszudrücken sind.

Lourdes, Frankreich

IN LOURDES soll ein Mädchen vor vielen Jahren mehrere Marienerscheinungen gehabt haben. Seitdem erscheinen Massen von Wallfahrern in dem Pyrenäen-Ort. Während der minderjährigen Wunderzeugin Glauben geschenkt und besondere Sensibilität zugestanden wurde, haben es Kinder, die heutzutage in Lourdes erscheinen, ungleich schwerer. Ihnen wird sogar der Tastsinn abgesprochen. Also bitteschön! Das berührt einen eher negativ.

Paris, Frankreich

PARIS, DIESE WUNDERBARE Stadt, ist keine problemfreie Zone. Es gibt aber Ecken, an denen man sich schon ziemlich anstrengen müsste, um ein Haar in der Suppe zu finden. Speziell für deutsche Nörgler wurde am Eiffelturm deshalb eine Problemzone eingerichtet, in der Probleme geschaffen werden, nach dem Motto l'art pour l'art. Kunst? Kein Problem in Paris.

19.20

kein Häppchen

gross Häppchen

3,35

6.20

1 Barcelona, Spanien

FOR SAIL

2 Jerusalem, Israel

Wolfgang Mertinat

Matthias Grinler

Marina Kolmeder

su. Stelle als Couch/Trainer
für Motivation, Verkauf, Kommu-
nikation u. Unternehmensberatung

Kraftfahrer Kl. II, Fahrpraxis 14 J.

3 *Hallertauer Zeitung, Deutschland*

1 DAS IST GANZ schön happig: In dieser Tapas-Bar kostet es schon 3,35 Euro, wenn man kein Häppchen zu sich nimmt. Unser Tipp: das große Häppchen (also den ausgewachsenen Happen) zum doppelten Preis bestellen und dann teilen.

2 SEIT JAHRZEHNTEN arbeiten Ingenieure an Autos, die fliegen können, oder an Booten, die auch Straßen benutzen können. Einen neuen Weg geht nun ein Tüftler in Israel. Er hat ein Auto erfunden, mit dem man segeln kann. Versuche, den Prototypen zu verkaufen, sind bisher gescheitert, da der Besitzer des Segelwagens sich bei der englischen Rechtschreibung irgendwie verfahren hat.

3 WAS SOLL der ganze Stress? Warum nicht eine „Stelle als Couch" annehmen? Das ist kein schlechter Job. Man hat viel mit Leuten zu tun, kaum Verletzungsrisiken und ist immer schön im Warmen. Sie sind noch nicht reif für diese tragende Rolle? Dann besuchen Sie doch einen Coach – eine Art Sofa-Trainer.

Les boissons tirées du sac ne sont pas tolérées
Die Getranke vom Beutel gezogen, sind nicht geduldet

Luttenbach, Frankreich

GETRÄNKE VOM Beutel ziehen? Das dürfen junge Beuteltiere, wenn sie noch in Mamas Beutel sitzen und sich an den Zitzen eine frische Milch ziehen. Für Touristen geziemt sich das Ziehen vom Beutel nicht. Besonders, wenn es sich um einen Rucksack handelt und der Beutel-Wanderer sich in einer bewirteten Hütte ausruht.

Moers, Deutschland

DIE DEUTSCHEN sind verrückt nach Bären. Wenn im Zoo ein kleiner Eisbär geboren wird, drehen sie durch. Selbst der faulste Pandabär löst allgemeine Verzückung aus. Und dann erst die „Erdbären"! Den entsprechenden Beerenhunger vorausgesetzt, verspeist sie der Deutsche gerne kiloweise. Süß.

Toronto, Kanada

zter

nce $29^{95}/MO

P

ALTMODISCHE SPRACHHÜTER, die sich über schlimmen Input aus dem Englischen und uncoole Slangwörter im Deutschen aufregen, sollten mal in Kanada einen Telefonvertrag abschließen. Dort wird mit denglischen Fachausdrücken für unlimitiertes weltweites Quatschen geworben.

🇬🇧 SCALELESS ALBINO WESTERN RATTLE SNAKE

This is the same kind of bell with a double rarity, an animal is albino and has no scales so their move is very flawed and fails to store them in its tail to form its distinctive bell.

🇩🇪 Weissenschaftlichername.

Dies ist die gleiche Art von Glocke mit einem doppelten Rarität, ein Tier ist Albino und hat keine Schuppen, so ihre Bewegung ist sehr mangelhaft und nicht um sie in seinen Schwanz zu seinen unverwechselbaren Glocke.

1 *Gran Canaria, Spanien*

In caso di interruzione della corrente elettrica verificare il contatore esterno di fianco la porta d'ingresso. se il problema non si risolve chiamare il custode.

Grazie

Im Falle der Unterbrechung des gegenwärtigen elektrischen Arbeiters, zum des externen contatore der Flanke zu überprüfen die Einkommentür. wenn das Problem nicht behoben wird, um den Wärter anzurufen.

Danke.

2 *Portole, Italien*

3 *Kemer, Türkei*

1 EINE SCHUPPENLOSE Albino-Klapperschlange ist ein so rares Biest, dass es eine eigene Fachrichtung dafür gibt, die nach der Farbe des Tiers benannt ist: die Weissenschaft. Führende Weissenschaftler diskutieren seit Jahren über Definitionen und Sprachregelungen: Nicht mal auf einen weissenschaftlichen Namen konnten sie sich einigen.

2 EINE SEHR GUT ausgestattete Ferienwohnung verfügt nicht nur über einen Kühlschrank, sondern auch über einen elektrischen Arbeiter. Falls dieser mal unterbrochen werden sollte in seiner Arbeit, was in Italien öfter vorkommen kann, hilft der Wärter. Stellt dieser fest, dass in dem Haus alle irre sind, handelt es sich nicht um eine Ferienwohnung. Falls die Bewohner geistig fit sind, liegt es an der Übersetzung – und der Wärter ist ein Hausmeister, der elektrische Arbeiter der Strom.

3 MAN MUSS ganz schön ausgebufft sein, wenn man mit einem so kargen Schild auf ein Buffet hinweist. Wer so minimalistisch vorgeht und möglichst viel Platz sowie zwei Buchstaben spart, arbeitet raffiniert darauf hin, dass die Gäste dann am Buffet von der Reichhaltigkeit des Angebots überrascht sein müssen.

Liebe Leser!

Wir übelsetzen weiter! Wenn Sie daheim oder unterwegs, im Kurzurlaub oder auf einer großen Reise skurrilen „Übelsetzungen" begegnen, können Sie uns Ihre persönlichen Fundstücke per Post oder per E-Mail schicken. Bitte geben Sie dabei auch den Ort der Aufnahme, Ihre Adresse und Telefonnummer an. Vielen Dank!

Post:
Langenscheidt Verlag
Redaktion Multimediales Lernen
Kennwort: Übelsetzungen
Postfach 40 11 20
80711 München

E-Mail:
uebelsetzungen@langenscheidt.de
Betreff: Übelsetzungen

Wir Sprechen Deutch

New York, USA

Jetzt kommt's auf ganze Sätze an!

Der richtige Satz bringt vieles wieder in Ordnung.

Der Hexaglot Dialogue übersetzt nicht nur Worte, sondern ganze Sätze! Er macht möglich, was kein Wörterbuch kann:

- Sie geben einfach einen Satz über die Tastatur ein
- Per Knopfdruck erhalten Sie die passende Übersetzung
- Sprachen: Englisch und Deutsch; weitere Sprachen-kombinationen auf SD-Karten erhältlich.

Weitere Informationen auf:
www.hexaglot.com
Telefon (040) 589 64 99 37